とにかく「わかりやすい」

スライドデザイン

の基本とアイデア

インクデザイン株式会社
鈴木潤
茂木香菜絵

はじめに

私たちは、コーポレートデザインに特化したデザイン制作会社です。
企業のWebサイトや株主通信、統合報告書など、様々な媒体のデザインを手掛けています。
決算説明資料や中期経営計画資料などのPowerPointのIR資料制作もそのうちのひとつです。
創業以来、デザインを通じて、クライアント様とステークホルダー間のコミュニケーションのお手伝いをしてきました。

資料制作をしていると、クライアント様から様々なお悩みをお寄せいただくことがあります。
その多くは「自分で作る資料はわかりにくい」「わかりやすい資料が作りたい」というものです。

そこで、誰もがわかりやすい資料を作れるよう、これまでのノウハウを凝縮してお伝えしたいと思います。
デザイナーを志すわけではないけれど、日常業務で扱うデザインをわかりやすくしたいと考える皆様に向け、
簡単に改善できる方法を紹介します。

本書がより良いコミュニケーションの一助となれば幸いです。

インクデザイン株式会社

こんな方におすすめ！

- 日ごろ業務でスライドを作成する機会がある方
- せっかくスライドを作ったのにわかりにくいと言われてしまったことのある方
- イメージ通りのスライドを作るのに莫大な時間がかかってしまう方

この本の特徴は？

- スライドが「わかりにくい」「わかりやすい」とはどんな状態なのかをピラミッド構造で分析
- ただの見本集ではなく、わかりやすさにつながっている理由を解説
- 取り入れやすく、挑戦しやすい技のレベル設定

この本を読んでできるようになること

- スライドがわかりにくい原因を理解できる
- 自分にとって必要なスキルを効率的に学べる
- いろいろな表現方法の引き出しが増える

本書の構成

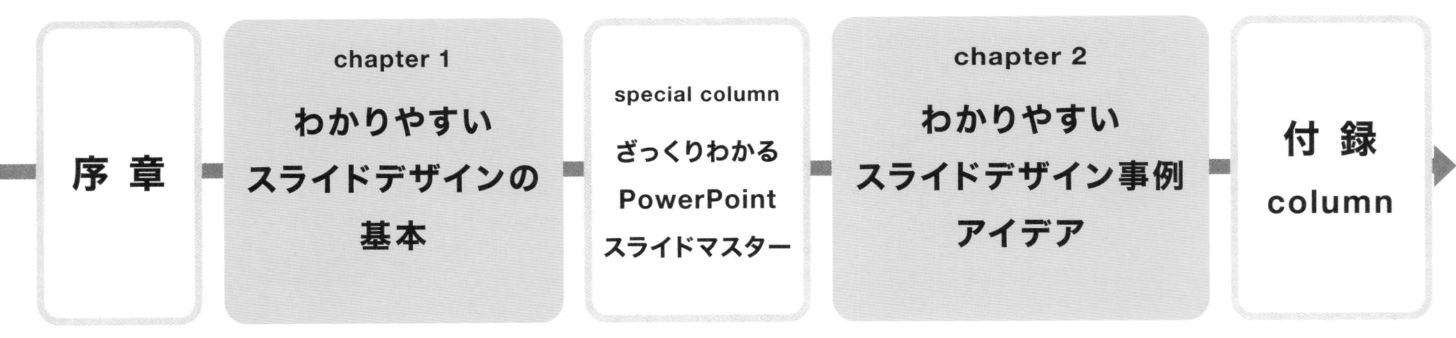

1章では「なぜわかりにくいのか」「どうすればわかりやすくなるのか」を体系的に解説しています。
これを踏まえた上で2章の作例を見たり真似していただくと、より理解が深まります。
「理屈は飛ばしてとにかく作例から見たい」という方は2章から読み進めていただいても問題ありません。
気になったポイントがあれば、「関連ページ」から効率的にアクセスできます。

目次

序 章

chapter 1　わかりやすいスライドデザインの基本

01 構成編

02 図解編

03 表層編

special column　ざっくりわかる PowerPoint スライドマスター

chapter 2　わかりやすいスライドデザイン事例アイデア

01 会社の魅力をわかりやすく

chapter 2　わかりやすいスライドデザイン事例アイデア

02 サービスの強みをわかりやすく

03 データをわかりやすく

chapter 2　わかりやすいスライドデザイン事例アイデア

04 メッセージをわかりやすく

付 録

質問逆引きコーナー

column

序　章

わかりやすいとは？

本書の「わかりやすい」の定義

「わかりやすい」という言葉を辞書で引くと**「理解することが簡単である」**と定義されています。伝えたいことを簡単に理解してもらい、コミュニケーションコストを下げることは、相手への思いやりとも言えます。
しかし、スライドを作成しても「わかりにくい」と言われてしまったり、言いたいことが伝わらなかった経験はありませんか？
また、人の作ったスライドを見て「わかりにくい」と感じたことはありませんか？
本書では、「わかりやすい」と「わかりにくい」を次のように定義しました。

わかりにくい

誤読して
しまう
理解に
時間がかかる
ストレスを
感じる

わかりやすい

正確に
伝わる
すぐに
理解できる
スッと頭に
入ってくる

― POINT

「わかりやすい」とは、正確に伝わり、すぐに理解でき、スッと頭に入ってくること

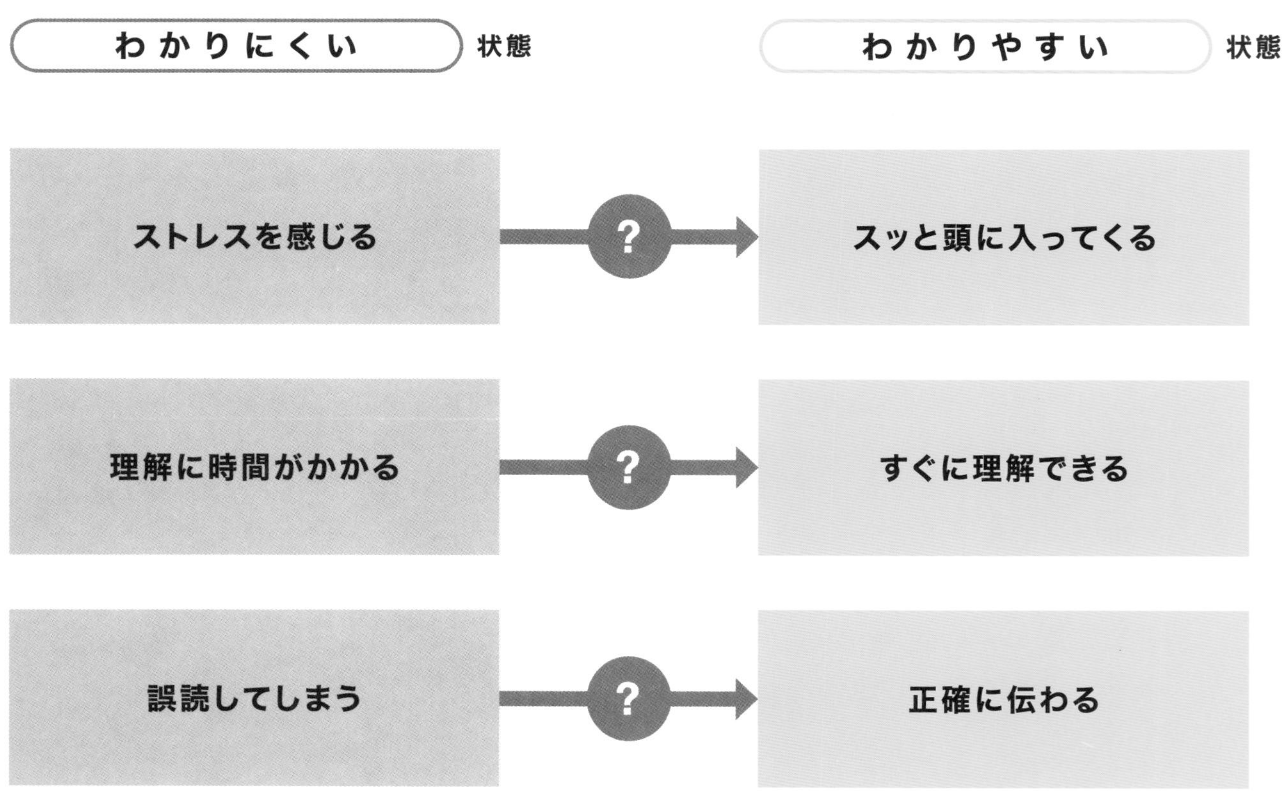

わかりにくい状態からわかりやすい状態にするには、何をしたら良いか？

わかりにくい 状態から わかりやすい 状態に変化させるための3つの ? には3つの**技術**が入ります。

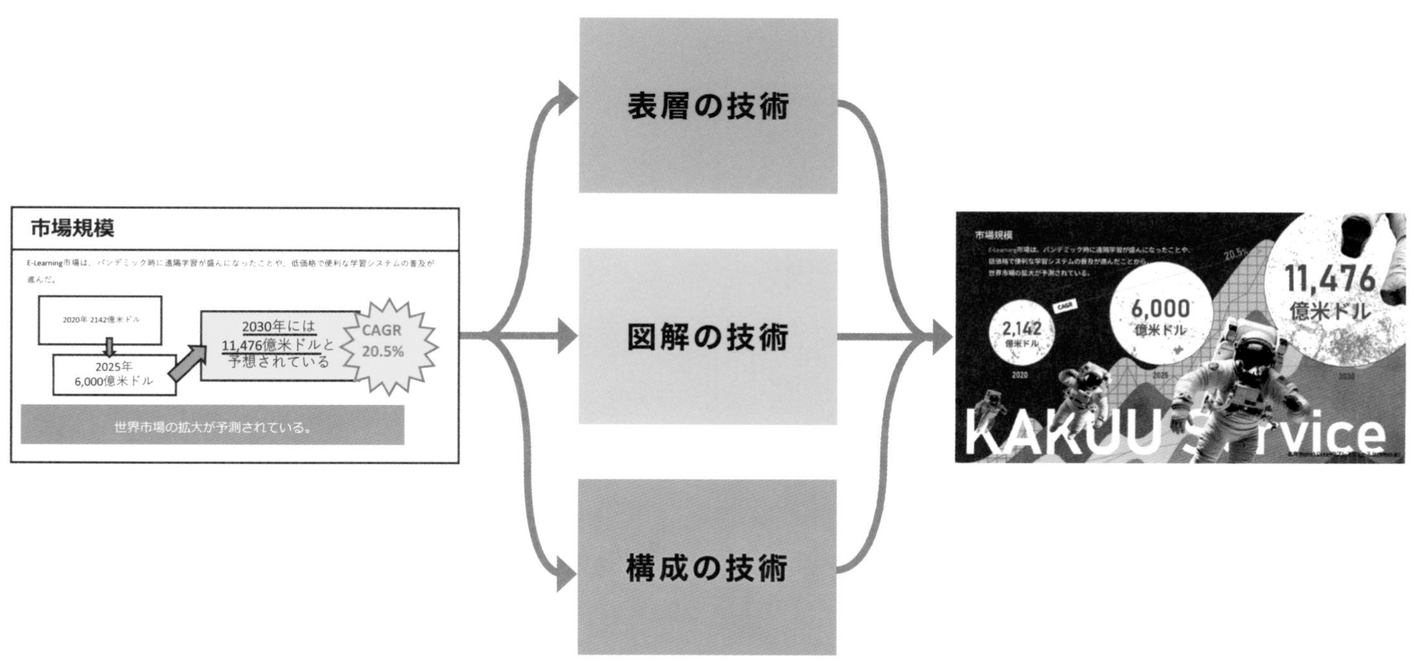

これらを組み合わせることで、わかりにくいスライドをわかりやすいスライドに変化させることができます。

スライドデザインの3階層

正確に伝わり、すぐに理解でき、スッと頭に入ってくる資料とは？

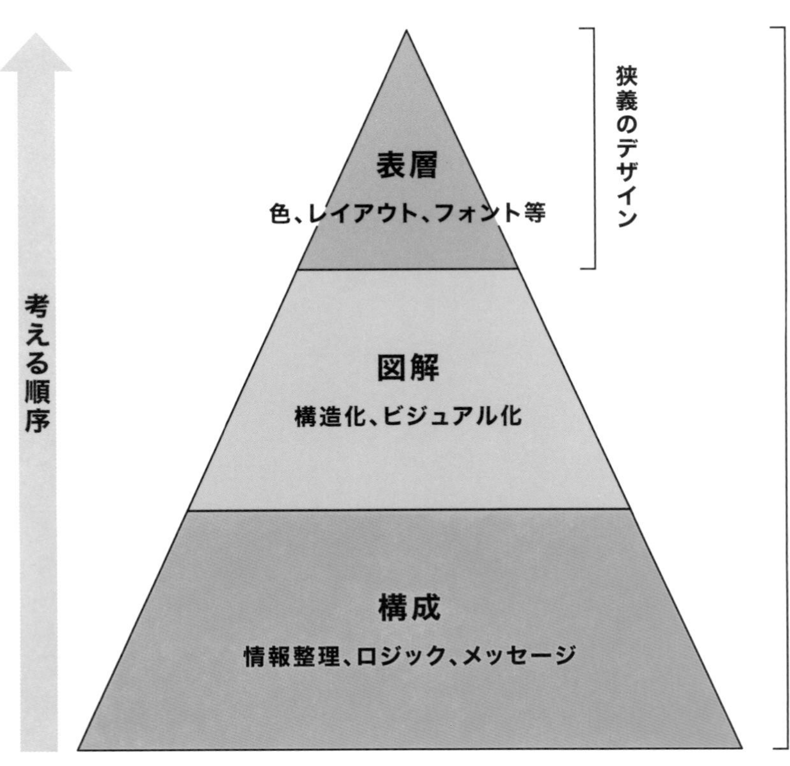

資料の土台となるのは**そもそもまず、何を言うかを考える階層**です。[*1]
次に、構成したストーリーを**どう視覚的に表現するかを考える階層**があります。適切な図を選べば文章をビジュアルで表すことができます。[*2]
色やレイアウト、フォントなど、**「見た目＝表層」**を考えるのは最後の階層です。[*3]　いわゆる「デザイン」と呼ばれがちな領域ですが、実はストーリーの設計や図解の制作も広義でのデザインに含まれます。そのため、本書でも「デザイン」とは見た目を整えることだけを指すのではなく、この3階層と定義します。

- **土台がしっかりしていなければ、見た目をきれいに整えても「わかりにくい」資料になってしまいます。**
- **見た目が整っていなければ、せっかく作りこんだ内容がスムーズに伝わりません。**

この3階層は、前ページで挙げた「わかりにくさ」に対応します。**わかりにくさの原因がそれぞれ横列の階層にある可能性が高い**ことを示しています。

厳密にはすべてが少しずつ関係していますが、特にその階層の技術を重点的に習得すれば改善しやすくなります。

例えば**≪理解に時間がかかる≫**の原因は≪図解≫の問題の比重が大きいため、図解の技術を学ぶと改善します。と同時に、**≪正確に伝わる≫**こと、**≪スッと頭に入ってくる≫**ことにも貢献します。

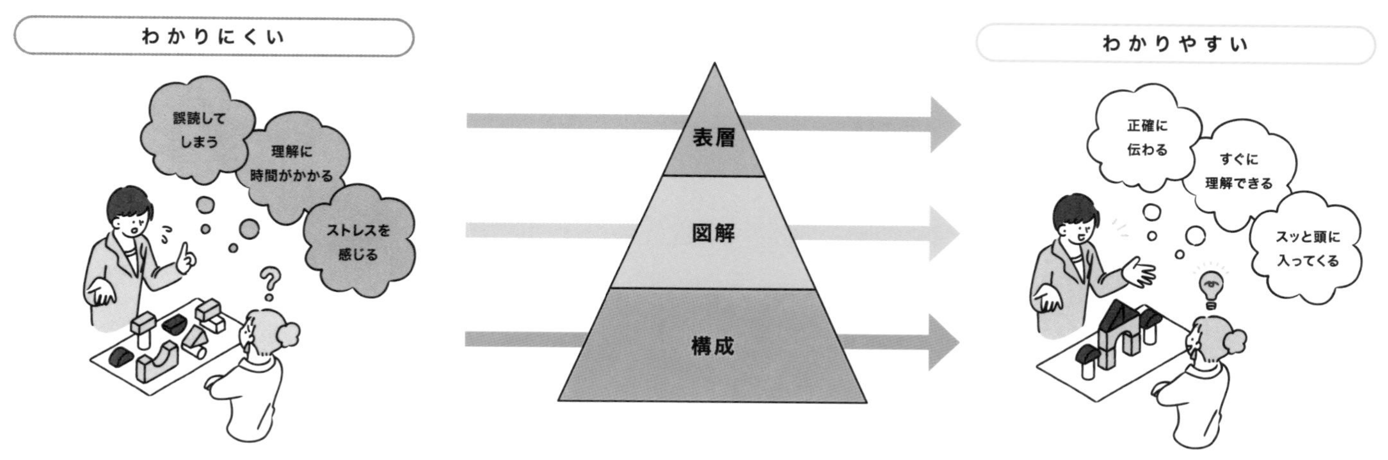

*1ストーリーの技術は、デザイン本よりもスピーチやプレゼンの組み立て方、ロジカルシンキング、営業戦略などの領域で学ぶことができます。

*2 はじめから図で考える方が得意な人もいます。→P.41

*3 これは必ずしも制作の手順を指すものではありません。→P.78

スライドがわかりにくい原因を探る

わかりにくいスライドは、構成か図解か表層のどれかが足りていない！

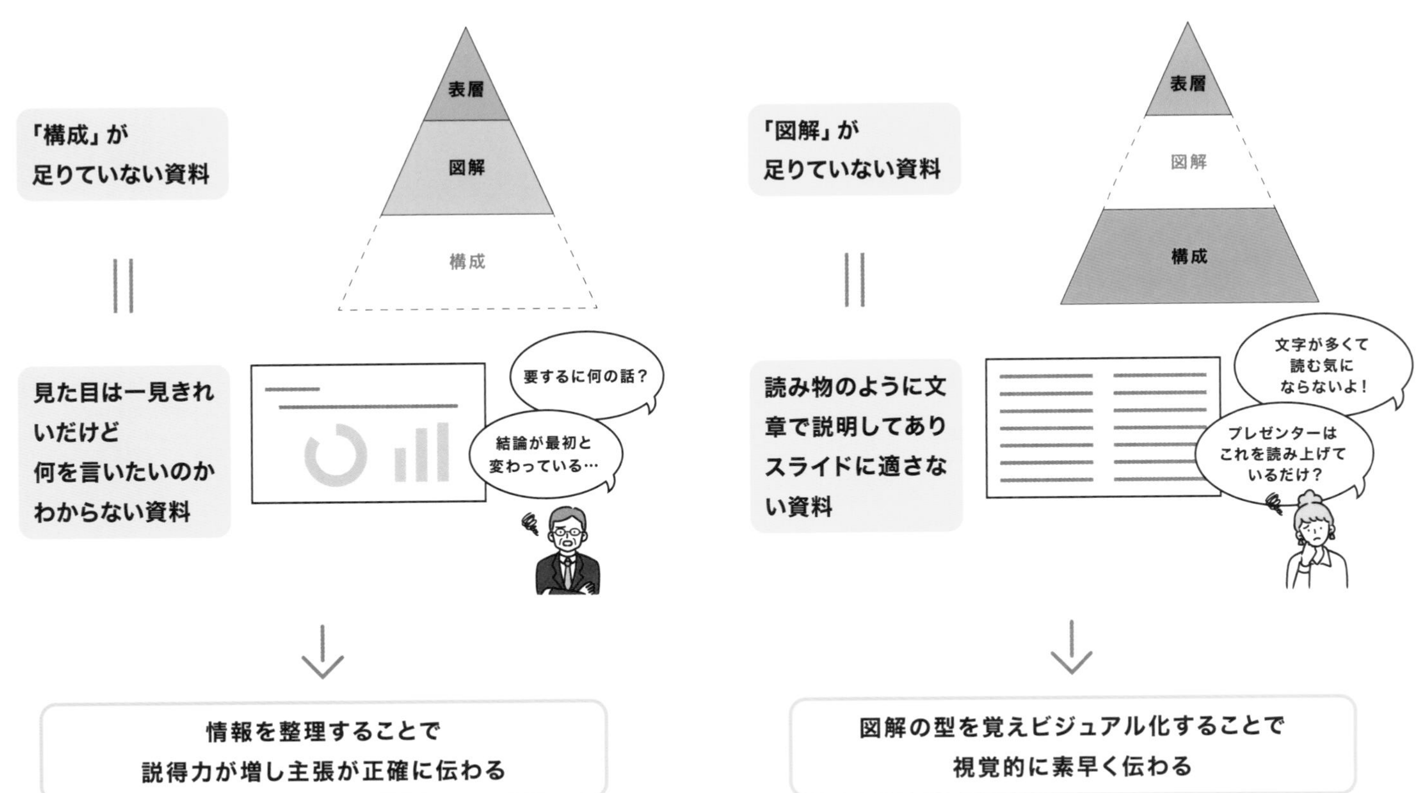
「構成」が
足りていない資料
表層
図解
構成
見た目は一見きれいだけど
何を言いたいのか
わからない資料
要するに何の話？
結論が最初と
変わっている…
情報を整理することで
説得力が増し主張が正確に伝わる
「図解」が
足りていない資料
表層
図解
構成
読み物のように文章で説明してありスライドに適さない資料
文字が多くて
読む気に
ならないよ！
プレゼンターは
これを読み上げて
いるだけ？
図解の型を覚えビジュアル化することで
視覚的に素早く伝わる

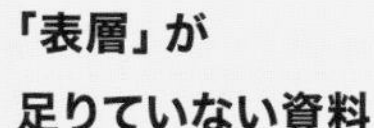

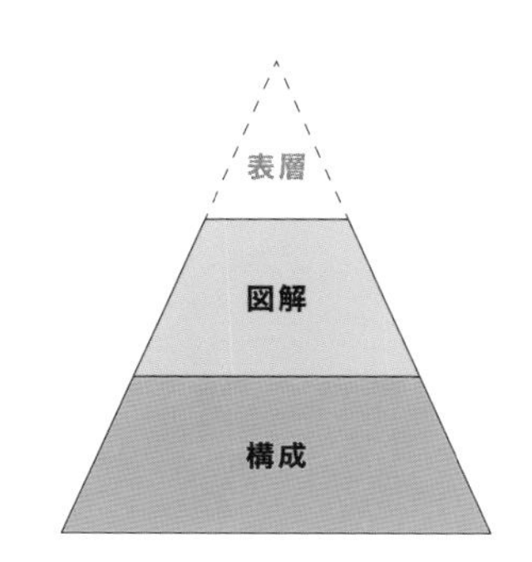

||

せっかく重要なことが書いてあっても、ごちゃごちゃして見にくい資料

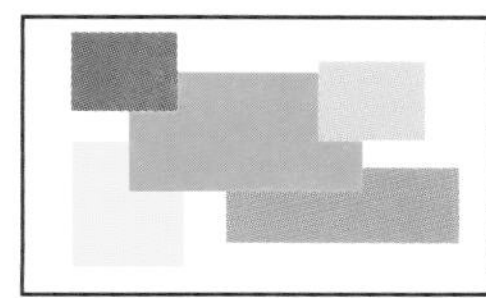

重要な
ポイントは
どこ？
色を使いすぎ！

見た目を整えることで
ストレスを軽減しスムーズに伝わる

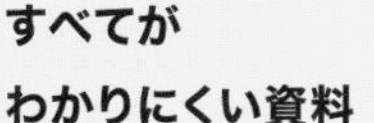

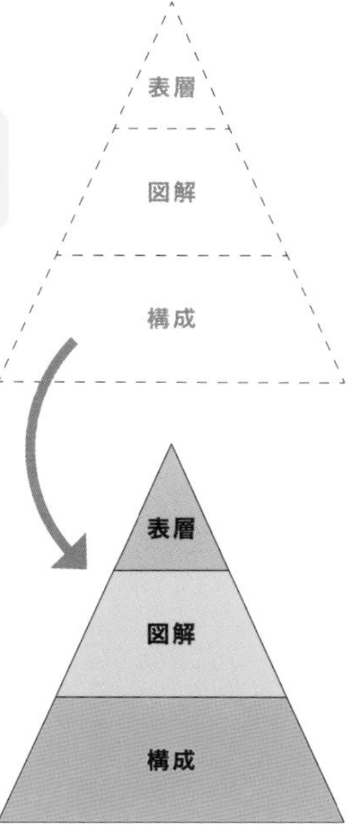

構成も図も見た目も
わかりやすい資料へ！

改善に必要なポイント

「3階層」のどこが不足しているか見極めることが大切

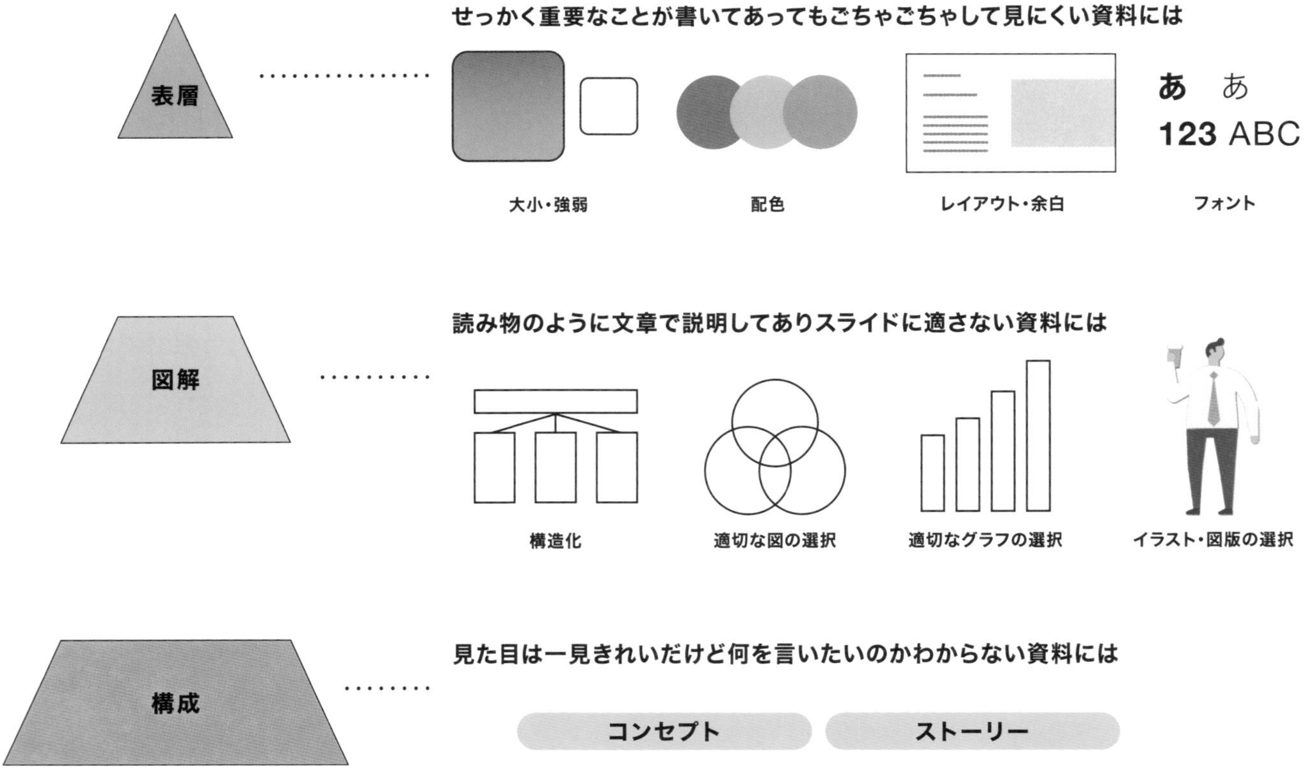

本書で取り扱う領域

図解と表層のスキルを中心に、構成の考え方も学べる！

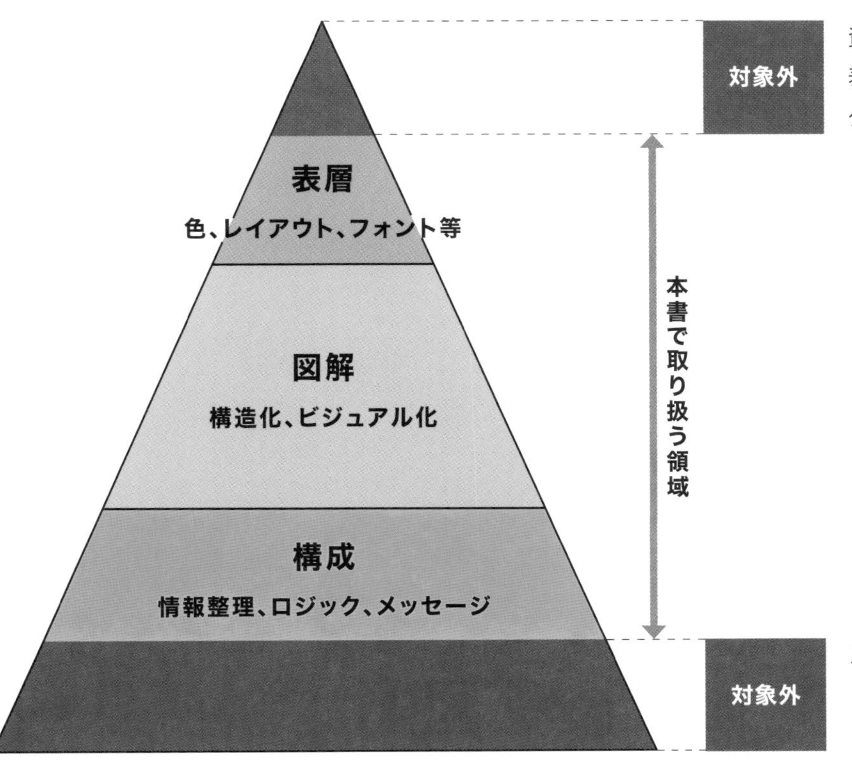

資料デザイン制作会社が提供するレベルの高精度な表層表現を指します。洗練された企業イメージやブランディングの醸成に役立ちます。

図解や表層を整える技術は一度お作法を習得すればあらゆる制作物に即座に応用できる、コストパフォーマンスの高いスキルです。**本書では、図解と表層の技術を中心に、その土台となる構成の考え方にも触れています。**

ストーリーは、作る資料や業界によって重視すべきポイントが異なります。時間をかけて、または実務を通して習得していく分野です。

資料をわかりやすくするためには、3階層すべてのスキル充実が理想です。

資料によって求められるレベルは異なる

どこまで工数をかける価値がある?

資料の一例　※各企業の考え方によります。

社内検討資料	採用ピッチ	会社説明資料	ハイエンド商品発表イベント
提案書	資金調達資料	株主総会	営業資料

スピード重視 ←→ **デザイン重視**

- 単発使用
- 短期的な使用（週・月単位）
- 更新頻度が高い
- 社内向け
- 動く金額が小さい

- 複数回使用
- 長期的な使用（年単位）
- 更新頻度が低い
- 社外向け
- 動く金額が大きい

- 信頼
- 世界観
- 印象作り

ここまで作り込む価値はある?
費用対効果を意識しましょう

すごく凝った資料

凝っていいかを見極める問い

・リターンが見込める?
・誰でも更新できる?
　凝りすぎて誰も触れない資料になってない?
・PowerPointで作る必要はある?
　IllustratorやInDesign向きの作業ではない?
・プロに外注した方が安上がりでは?
　自分が手を動かす必要はあるのか?

3階層のスキルを習得すると適切な「構成・図解・表層」を短期間で作れる！

資料によって求められるレベルは、資料の用途によっても異なります。
会社説明資料や投資家向け資料など、対外的な資料・長く使用する資料・企業イメージに直結する資料は、表層の美しさにもこだわった方が良いでしょう。**ぱっと見の印象が悪ければ中身まで読んでもらえない可能性があるからです。**
逆に、社内での検討資料や単発の提案書などは、最低限のストーリーとスピードが重視され、表層がおざなりになることがあります。

スキルを身につければ時間をかけずに表層を整えることができます。
使用する色や形のルールをあらかじめ規定しておけば、毎回の資料制作で表層に悩む機会を減らすことが可能です。その分、基礎となる構成を考えることに時間を割くことができます。
結果として、スピード重視の資料においても表層の美しさを両立させ、わかりやすさを実現することができます。

完璧な資料を作らなくちゃ！ゼロから
オリジナルのデザインで超大作を作るぞ！

1回しか使わないので
そんなに凝らなくてもいいんだけど…

見た目は悪いけど
とにかく早く作りましたよ！

これは対外的な資料だから
見にくくて企業イメージが低下してしまうよ

表層は一度決めたルールを適用するだけ！
悩まないからすぐにきれいな資料が完成！

このスピード感なら
中身の精査にじっくり時間をかけられるね！

わかりやすく伝えたいもの

各章で紹介するスキルは別の資料にも応用可能！

会社の魅力 を、わかりやすく
→会社説明資料を使って解説

サービスの強み を、わかりやすく
→サービス説明資料を使って解説

データ を、わかりやすく
→ＩＲ資料を使って解説

メッセージ を、わかりやすく
→採用ピッチを使って解説

作例は、実際にビジネスの現場で使われるものに近いスライドをあくまで一例として紹介しています。会社説明資料でデータを説明することもあれば、IR資料でメッセージを伝えることももちろんあります。会社説明資料の章で紹介する技術は、会社説明資料にしか使えないわけではありません。

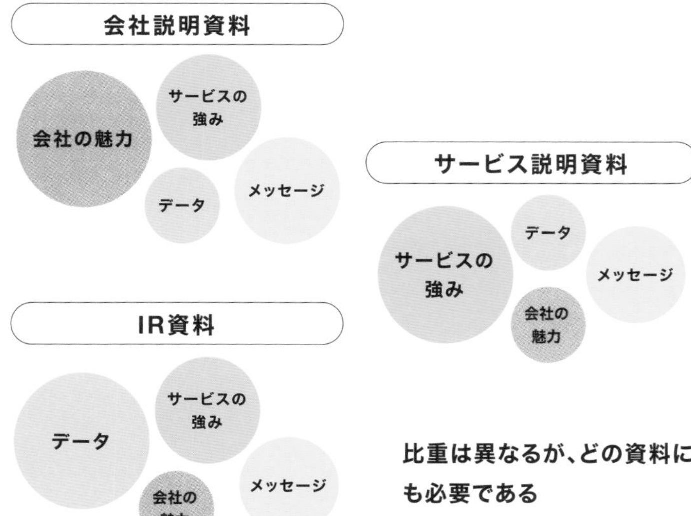

本書の目指すゴール

1章と2章を行ったり来たりすることで理解が深まる!

「わかりやすい」の基本となる
デザインのお作法を知る

たくさんの作例を参考に、
表現の引き出しを増やす

PowerPointの操作方法について

本書はツールの習得を目的としていません。本書の作例はPowerPointを使って作られていますが、KeynoteやGoogleスライドで資料を作る際にも参考にしていただけます。PowerPointにおける操作方法については、応用的な機能や使い方に関する場合のみ、手がかりとして併記しています。

使用バージョン:Microsoft® PowerPoint® 2021 MSO、Microsoft 365

chapter 1

わかりやすい スライドデザインの 基本

この章で紹介するのは、資料を作るにあたってどんな分野のスライドにも共通するポイントです。つまり、最低限これだけ習得してしまえば以降どんなスライドもわかりやすく改良することができる、基本的な知識だけをコンパクトに凝縮しました。

chapter2に掲載するスライド事例を参考にする際も、本章のポイントを意識しながら眺めることで、より効率的に学びを深めることができます。

仕事において、必ずしも自分一人でゼロから資料を作ることばかりではないでしょう。
チームで作った構成をスライドにしたり、すでにほとんど完成している資料に数スライドを追加したり、見た目だけを整えることもあると思います。

頭から順番通りに熟読する必要はありません。今、必要な章から読み進めてみてください。

01 構成編

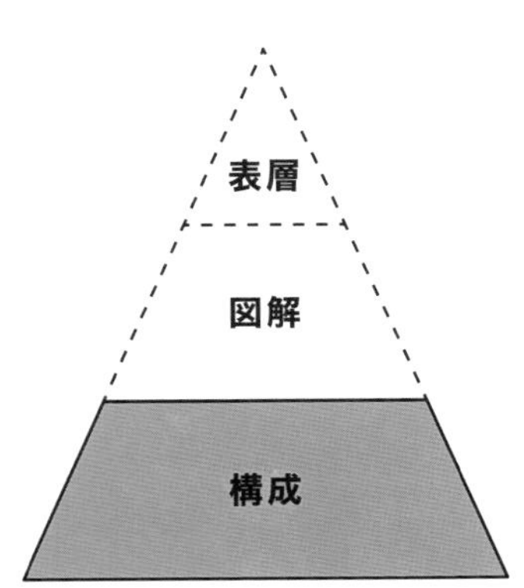

情報を適切に整理し、一貫性のある主張をする

まっさらな状態から資料を作る際は、まず基礎となる構成を作ります。構成にはコンセプトとストーリーが必要です。そのためにはターゲットや目的、使用シーンを整理します。どんな資料を、何のために作るのかを最初に定義しておくことで、その後の工程に破綻を発生させずに済みます。

構成が不十分な資料

見た目は一見きれいだけど、
何を言いたいのかわからない資料

情報を整理することで
説得力が増し主張がわかりやすくなる

要するに何の話？

結論が最初と
変わっている…

— POINT
どんな資料を作るかは常に目的から逆算する

コンセプトを設定する

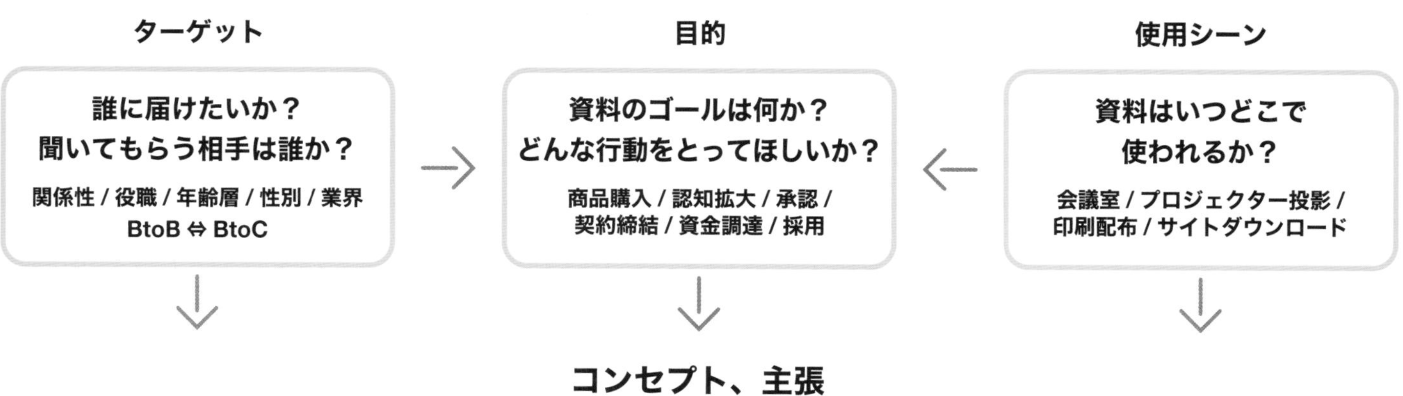
ターゲット
誰に届けたいか？
聞いてもらう相手は誰か？
関係性 / 役職 / 年齢層 / 性別 / 業界
BtoB ⇔ BtoC
目的
資料のゴールは何か？
どんな行動をとってほしいか？
商品購入 / 認知拡大 / 承認 /
契約締結 / 資金調達 / 採用
使用シーン
資料はいつどこで
使われるか？
会議室 / プロジェクター投影 /
印刷配布 / サイトダウンロード
コンセプト、主張

最も伝えるべきことは何か？
表層イメージも含め、どんな資料なら目的を達成できるか？

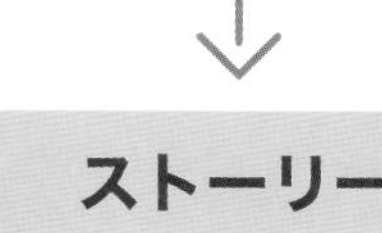

ストーリー

— POINT
誰にどういう行動を起こしてほしいか、を考える

コンセプトの例

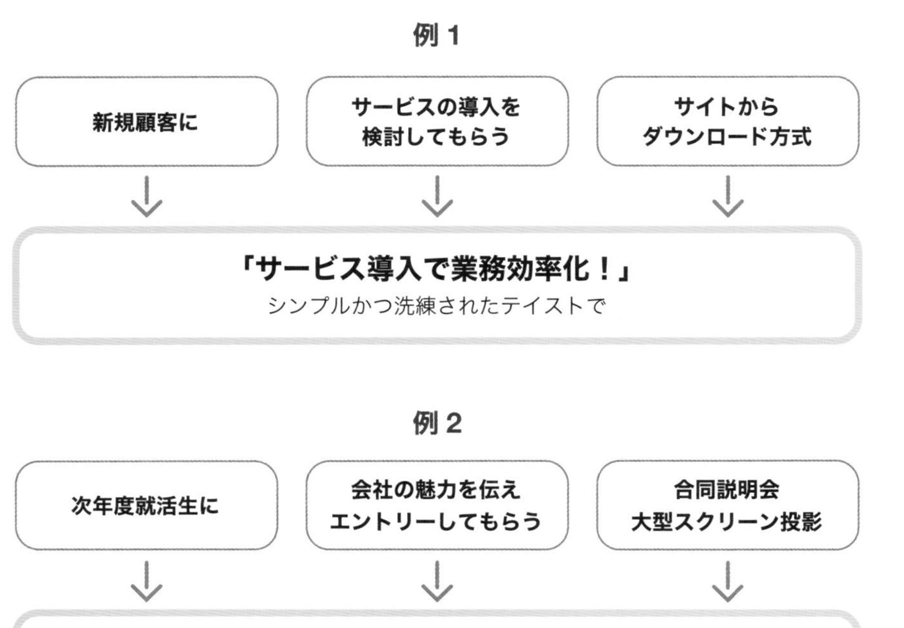
例 1
新規顧客に
サービスの導入を
検討してもらう
サイトから
ダウンロード方式
「サービス導入で業務効率化！」
シンプルかつ洗練されたテイストで
例 2
次年度就活生に
会社の魅力を伝え
エントリーしてもらう
合同説明会
大型スクリーン投影
「物流の未来を支える会社」
親しみやすく将来性を感じさせるテイストで

まずは「誰に」「どういう行動を起こしてほしいか」をメモして、その目的を達成するためのコンセプトを設定します。

ひとつの資料が持てるのはひとつの目的

ひとつの資料には多くの目的を担わせない方が賢明です。**最初から汎用性の高い資料を目指すと誰に何が言いたいのか自分でもわかりにくくなります。**スライドを使い回すことはありますが、その資料ごとにコンセプトに沿っているか改めて見直すことが重要です。

スライド1枚単位においても、そのスライドに掲載するデータや図はすべて「ひとつのメッセージ」に収束させましょう。その方が別の文脈にも流用しやすく、結果的に色々盛り込んだスライドよりも汎用性が高くなります。

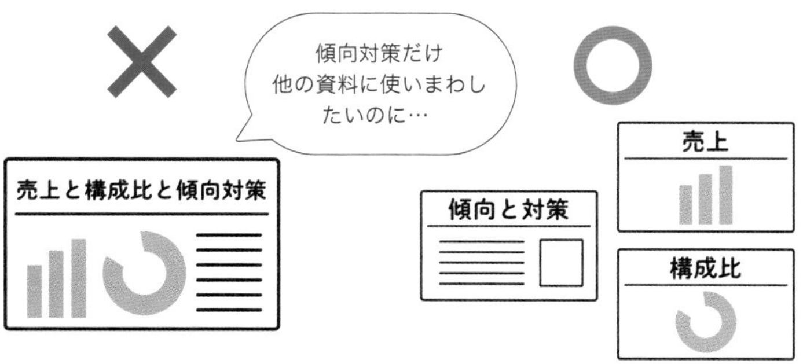

ストーリーを設計する

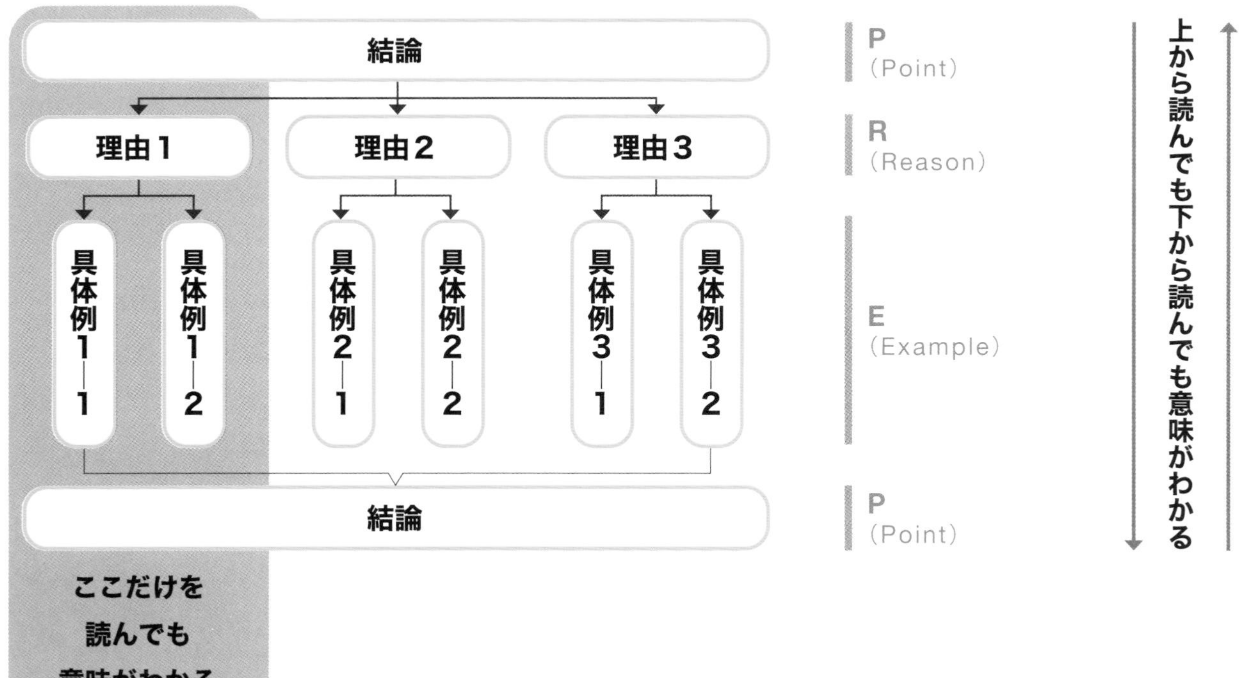
結論
理由1
理由2
理由3
具体例1―1
具体例1―2
具体例2―1
具体例2―2
具体例3―1
具体例3―2
結論
ここだけを
読んでも
意味がわかる
P
(Point)
R
(Reason)
E
(Example)
P
(Point)
上から読んでも下から読んでも意味がわかる

— POINT
具体例は各理由を補強する内容になっている必要がある

ストーリーにはいくつかの型がありますが、ここではプレゼンでよく使われる「PREP法」を例に説明します。左図ではひとつのボックスが１枚のスライドを意味します。

P（Point）　**「私はこう思います」**

はじめにひとつの結論を述べます。言いたいことが複数ある場合は、それらを総括するメッセージをまとめます。

R（Reason）　**「なぜなら、○○だからです」**

その主張をする理由は、2〜3個であることが多いですが、5〜6個まで増やすこともできます。

E（Example）　**「例えば○○です」**

理由ひとつに対し、根拠や具体例をぶら下げます。具体例がどの理由を裏付けているのか確認し、ロジックが通っていることが重要です。

P（Point）　**「以上の理由から、私はこう思います」**

ロジックの一貫性は、スライドを最後から逆に読んでみると確認できます。

最後のP：私はこう思います

E：例えばこんな事例があります

R：つまり○○と言えます

最初のP：よって私はこう思います

最初と最後の主張は同一である必要があります。

よくあるダメな例

- 結論を述べるために必要ない理由が入っている
- 具体例が理由を補強していない
- 最初の結論と最後の結論がずれている
- スライド単体で見たときに何を主張したいかわからない

— POINT
型が難しければいつものトークを書き出してみる

ストーリーの見つけ方

型に沿って要素を埋めていく

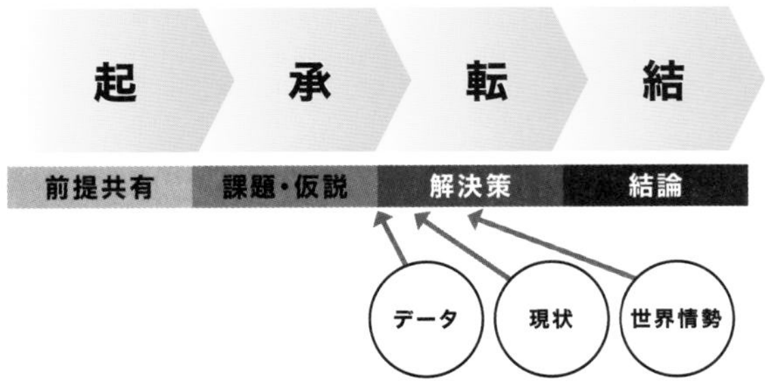

「起」に必要な要素を集めてくる

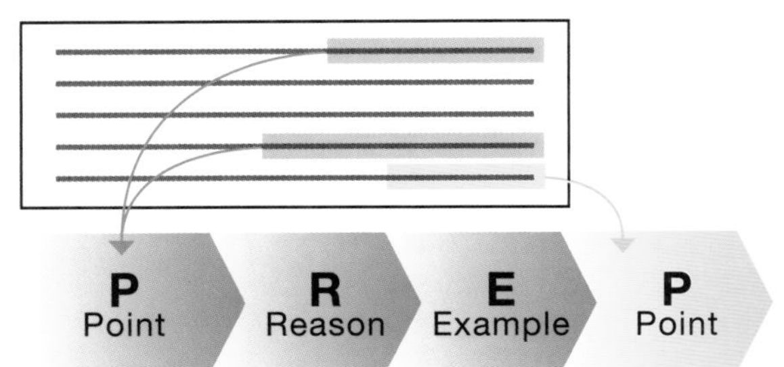

ストーリーの作り方は、
（1）典型的な型に沿って要素を埋めていく方法と、
（2）一通りメモ書きした文章を型に当てはめていく方法があります。
普段から要素や構造で物事を考える人は（1）がやりやすいでしょう。自分の手を離れて先方で一人歩きする可能性のある資料に適しています。
普段から文章で物事を考える人は（2）の方法が向いています。プレゼンや、営業トークの補助的な使い方をする資料はスクリプトを大切にしてください。
この分類はあくまで傾向であり、得意な方法で行っていただければどちらでも問題ありません。

構成案をテキストで書き出す

PowerPointはプレゼンテーションや資料制作に適したツールです。「考えるフェーズ」をPowerPoint上で行うと、内容よりも先に完成形の配置や配色に気をとられてしまいがちです。構成が脆弱であっても、表層の雰囲気にごまかされて良い資料のように錯覚してしまいます。**まずは文字だけで全体を俯瞰できる形で、構成を書き出しましょう。**
このドキュメントを仕様書とします。以降の工程で迷走したときは何度もこの仕様書に立ち返って目的やコンセプトを再確認すると、一貫性のある資料を作ることができます。
業務においてはこのドキュメントの段階で、一度上司やチームメイトにレビューをもらい方向性を確認すると、スライドを作り始めてからの手戻りが少なくて済みます。

仕様書

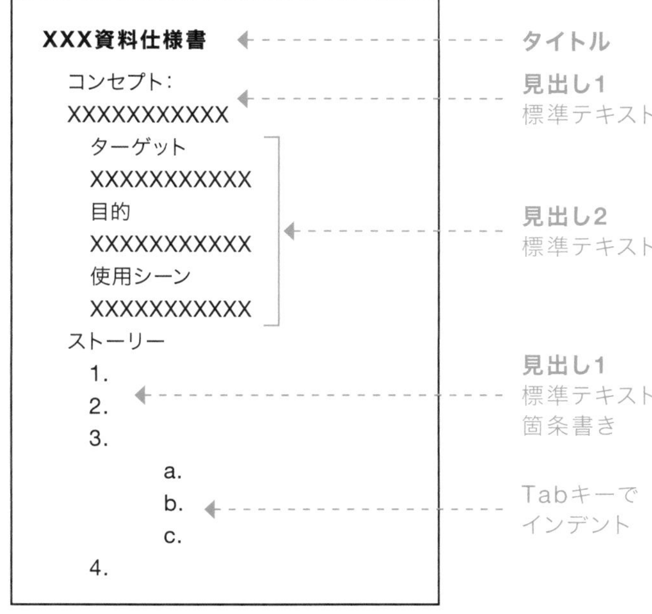

文字列を「見出し」に設定すれば自動でフォントサイズや太さも変わります。
スペースで字下げをせず、Tabキーを使うことが重要です。

02 図解編

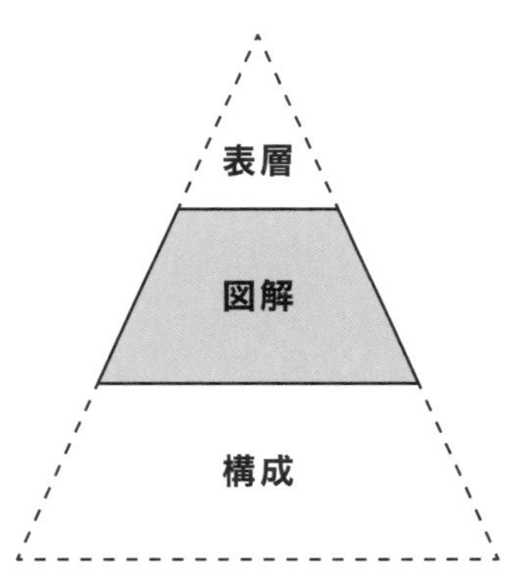

文章よりもすみやかな伝達を可能にする

構成ができたら、次はスライドでどうわかりやすく見せるかを考えていきます。
文章で作成したストーリーを、図で表すことこそ、スライドの価値であり、意義であり、醍醐味です。
本書では狭義の図解に限らず、構成をビジュアル化すること全般を「図解」と表現しています。

図解が不十分な資料

見た目も内容も良いけど読み物のように
文章で説明してありスライドに適さない

図解の型を覚えビジュアル化することで
視覚的にわかりやすくなる

文字が多くて
読む気に
ならないよ！
プレゼンターは
これを読み上げて
いるだけ？

視覚的に示せることこそスライドの価値

せっかくスライドを作るなら、視覚表現の力を使ってわかりやすく訴求しましょう。
逆に、わざわざ図解する必要がないこともあります。それはつまりドキュメント（Word）で十分な資料ということです。
そもそもスライドで作る意義があるかどうかの分かれ目となるのがこの図解のセクションです。
イラスト・写真・ピクトグラムは特に表層の技術と混同しやすいです。実は図解もグラフも、表層の技術と重複する部分はあります。

「そもそも構成を文字で書くか、絵に置き換えるか」を選択することが図解の技術、「どんなテイストの絵を使用するか、どんな色をつけるか」が表層の技術です。

図解

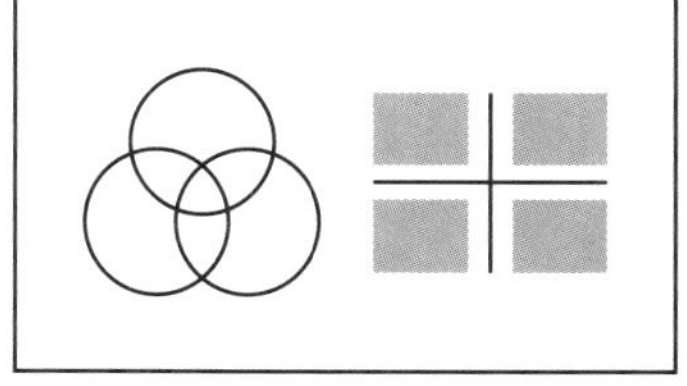

表

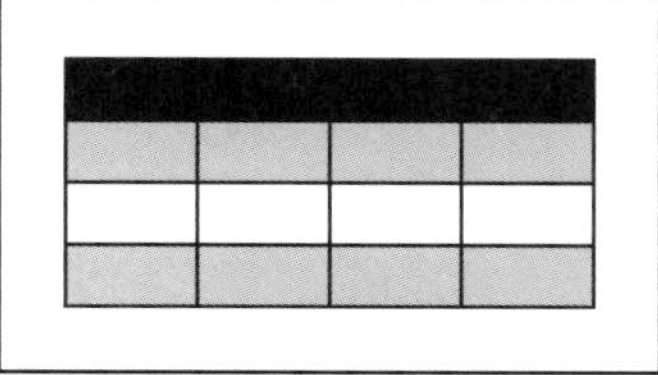

グラフ

イラスト・写真・ピクトグラム

文章の構造を可視化する

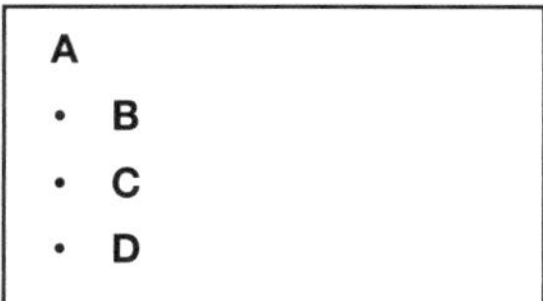

A は、B と C と D

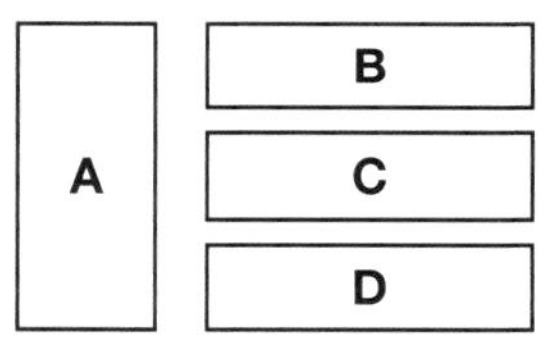

A は、B と C と D

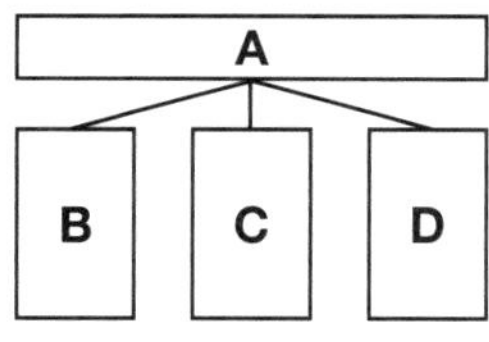

A は、B と C と D

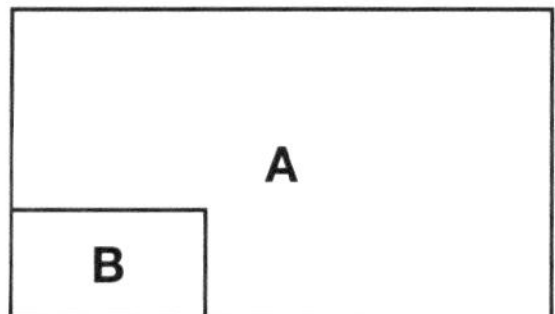

A の中の B

	A	B
1	○	○
2	○	×

A の 1 は○、A の 2 は○
B の 1 は○、B の 2 は×

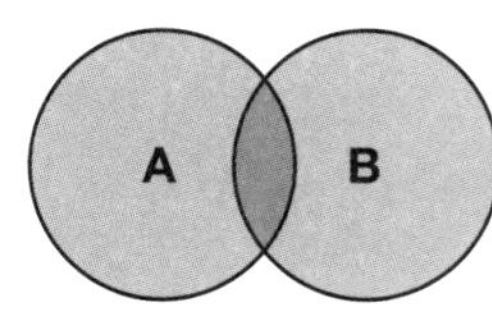

A かつ B

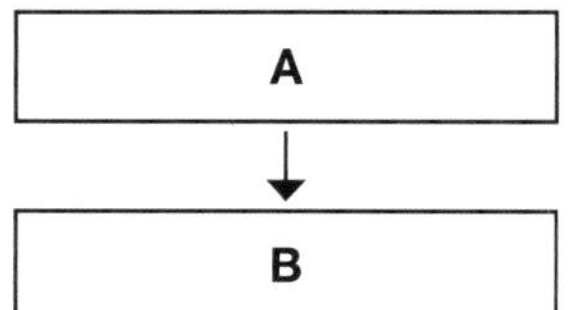

A によって B。B の理由は A
（因果関係）

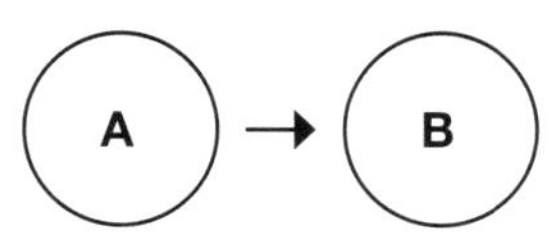

A から B へ（移動、変化）

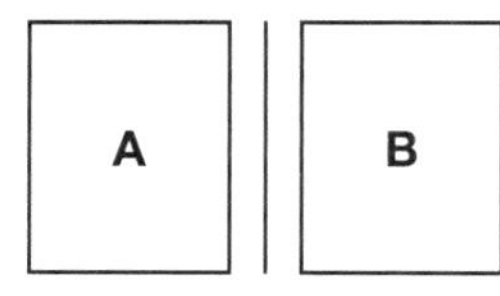

A に対し、B（対比）

POINT

助詞や接続詞に着目する

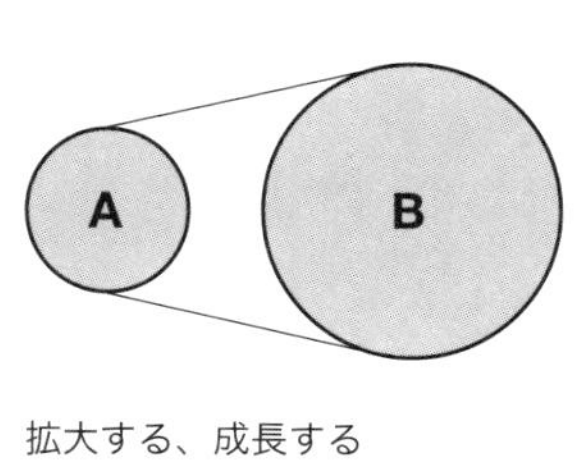

拡大する、成長する

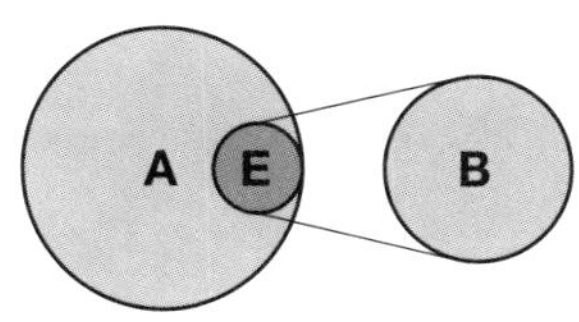

B の内訳

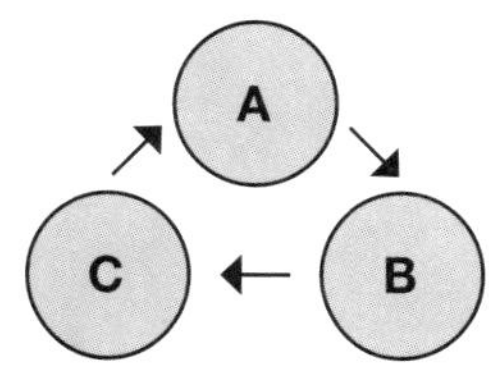

循環する

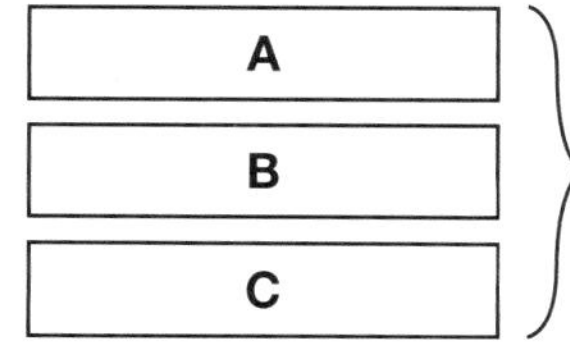

ABC を包括する

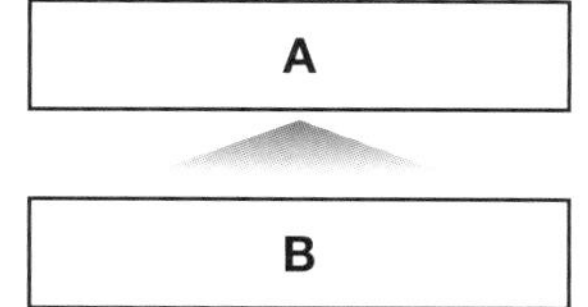

B が A を支援する

図解の第一歩は、文章の中の各要素が、どのような関係性かを明らかにすることです。要素間の関係は助詞や接続詞が着目ポイントです。

すでに、構成編で階層をつけながらドキュメントを作成していたり、日ごろから図で物事を考えたりしている人はこの工程を時短できます。

構成を文章から書き始める人は、まずは話をブロックに分け、語尾をとって箇条書きに落とし込んでみてください。これも立派な構造化のひとつです。

その中で、重複する要素があったり、内包する要素や変化する要素、二項対立になっている要素があれば、図に置き換えられる可能性があります。

時の流れや因果関係も、文字で書くより直感的に伝わります。

目的によって複数の表現方法がある

例文

5日・12日・19日・26日にミーティングがあります。1日から案件1が始まります。5日から案件2が、11日から案件3と4が始まります。日程は案件1が12日間、案件2が7日間、案件3が7日間、案件4が10日間の予定です。案件1と3はAが、案件2と4はBが担当します。

リスト表示

- ミーティング毎週金曜
- A担当
  案件1（1〜12日）
  案件3（11〜17日）
- B担当
  案件2（5〜11日）
  案件4（11〜21日）

項目別にわかりやすい

グラフ表示

案件1	12日間
案件4	10日間
案件2	7日間
案件3	7日間

相対的な長さがわかりやすい

カレンダー表示

月	火	水	木	金	土	日
1	2	3	4	5	6	7
8	9	10	11	12	13	14
15	16	17	18	19	20	21
22	23	24	25	26	27	28
29	30	31				

今週のタスク

- 1日〜案件1、5日〜案件2
- 11日〜案件3、4

法則性がわかりやすい

チャート表示

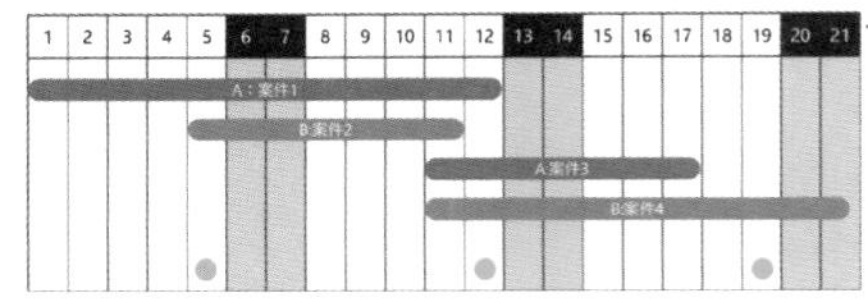

時期と長さと重なりがわかりやすい

— POINT

メッセージの根拠となる図解を作る

図解に唯一解はありません。
月間カレンダーは、曜日が縦列に並んでいることで法則性のある予定を把握しやすい「表」の一種です。プロジェクトを把握するためのガントチャートは、日付を横一列に並べることで各工程の時間的な長さがわかりやすくなります。
データベースアプリの「Notion」では、リスト表示やタイムライン表示を切り替えることができます。このように、**ひとつの情報源でも目的・用途によって最適な図解の方法は異なります。**
図解のコツは、そのスライドで何を伝えたいかを整理することです。数字なら何でもグラフで表せばわかりやすいとは限りません。**どの数値を抽出しどんな方法で比較すれば、その資料・そのスライドのメッセージの根拠になりうるか**という観点で考えます。

POINT
図解の前に文章を箇条書きにすると良い

複数の図解を組み合わせる

例文

全体ミーティングを毎週から隔週に変更し、チームミーティングを1日に1回から2回に変更したことで、業務効率化に成功しました。

箇条書きへ整理

- 全体ミーティング
  毎週から隔週に変更
- チームミーティング
  1日に1回から2回に変更
→業務効率化に成功

理由を説明している要素

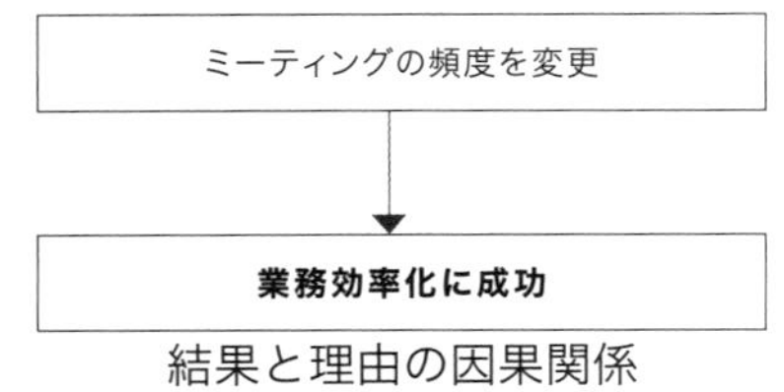

結果と理由の因果関係

対比している要素

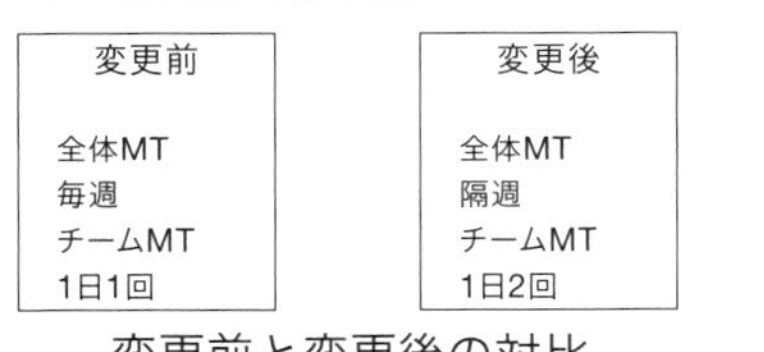

変更前と変更後の対比

変化している要素

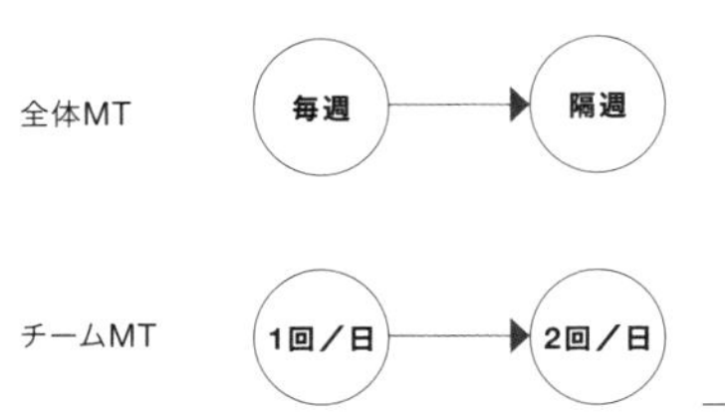

ミーティングの頻度を変更

	変更前	変更後
全体MT	毎週	隔週
チームMT	1回/日	2回/日

業務効率化に成功

— POINT

図そのものに集中し全体を俯瞰できる

手書きでラフを作る

図解はPowerPoint上で行うこともできますが、まずは一度アナログの紙とペン（またはタブレットなど）で、手書きのラフを作ることをおすすめします。この段階では決してきれいでうまいスケッチでなくても大丈夫です。

PowerPointで図を作ると簡単にそれらしいスライドができるため、正しく図解できているか検査する目が鈍ります。**紙に書き出すことで全体像が俯瞰できたり、作図そのものに集中できます。**

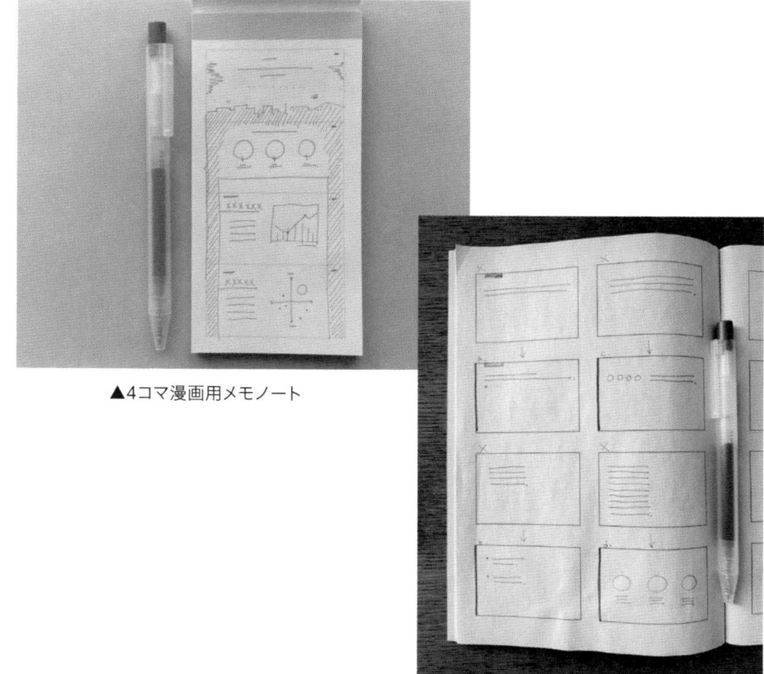

▲4コマ漫画用メモノート

流れを表現する

要素と要素を矢印でつないだり、矢印に要素を乗せたりすることで、流れを表現できます。原則的には**左から右、上から下**の順序で書くのが自然な流れです。
例外的には、下から上へ積み上げることでポジティブな意味合いを持たせたり、左から右へ流れたものが戻ってくることもあります（相互関係、循環図）。

一方向の流れ

矢羽根は左から右へ。ただしPowerPointでの操作は、はじめに右端のオブジェクトを作り、左に向かって［Ctrl］＋［Shift］＋［ドラッグ］で複製していくと楽。

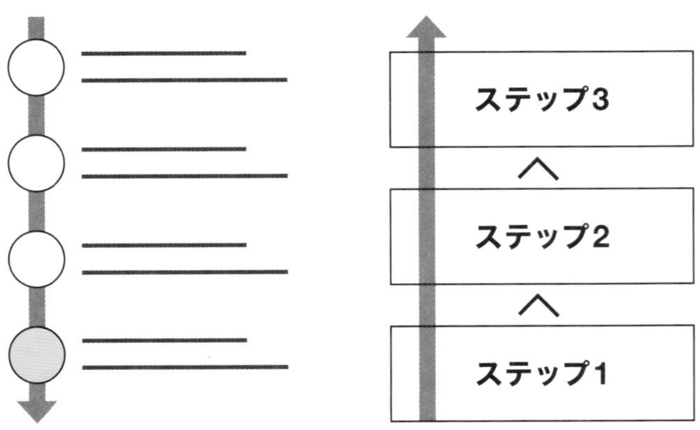

横並びではテキストが窮屈なときは、縦に並べる。

下から上に向かって成長や上昇を表す。

— POINT
矢印の持つ意味に注意する

相互の流れ

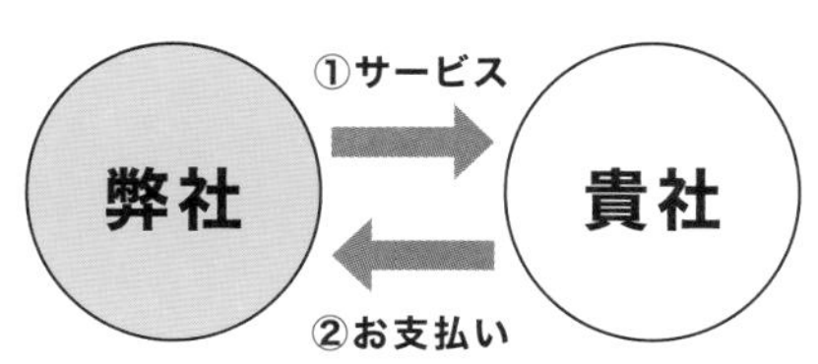

主役を左に置く。
または最初のアクションが左向き矢印で始まるようにする。

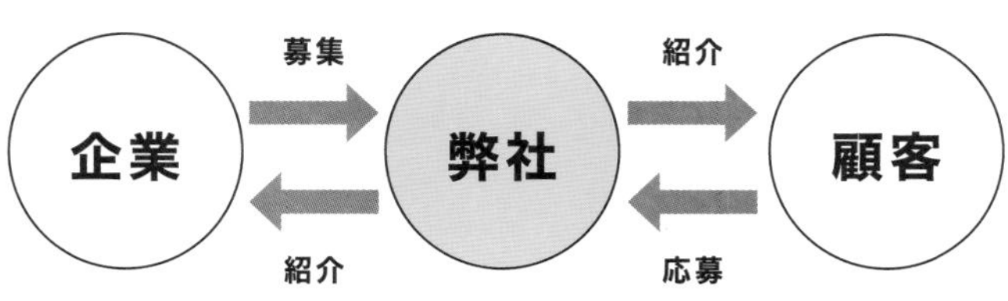

主役を中央に置く。
登場人物が多い場合はここで順序まで説明すると複雑になる。

循環の流れ

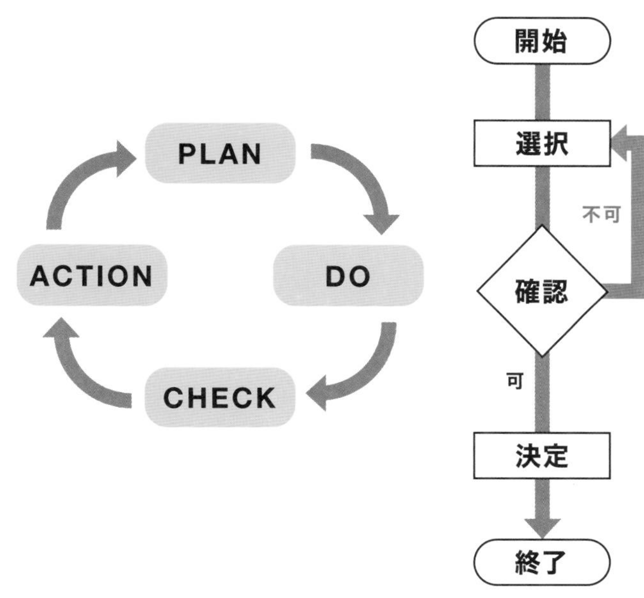

フローチャートはスタートからゴールに向かう一方向だが
部分的に循環が発生する。

要素の重なりを表現する

ふたつ以上の要素の重なりや階層を、文章で正確に説明するのは難しいため、ここでも図が有効です。
1からオブジェクト（図形）を組み合わせて図を作るのは時間がかかるので、SmartArtを使いましょう。

SmartArtはブロックの追加や階層の可視化が簡単に行えます。上へ移動（下へ移動）は階層を上下のテキストと入れ替えることができ、レベル上げ（レベル下げ）は入力中のテキスト自体の階層を変更できます。
「→レベル下げ」はTabキーで、「←レベル上げ」はShift+Tabキーで操作できます。

文字がきれいに入り切らなくても一旦すべて入力してみることをおすすめします。
その後、表層を整える段階でグループ解除を行い、色や文字サイズを調整します。

重複している

ベン図
数学的な意味合いに限らず、理念や事業にも使われる。

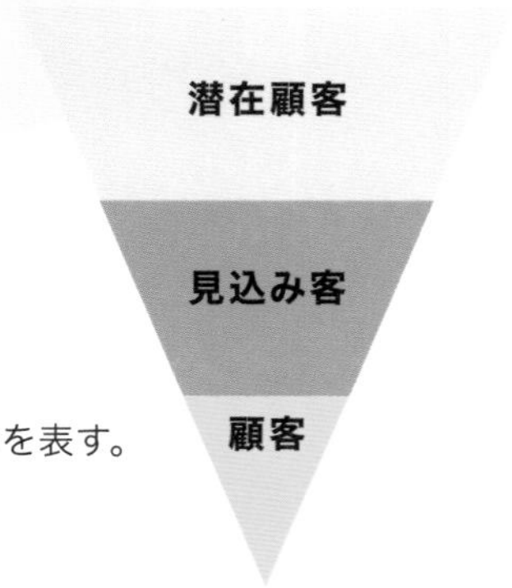

潜在顧客
見込み客
顧客

逆ピラミッド
大まかな人数分布を表す。

— POINT

箇条書きで要素の親子関係に注意する

拡大する

行動

目標

理念

同心円
中心に自社や核と
なるものを置く。

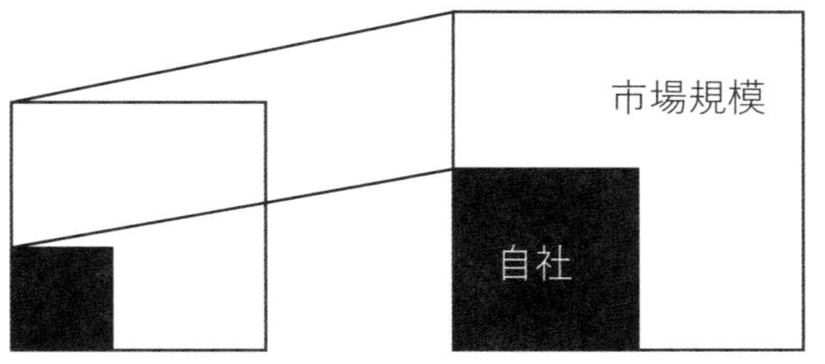

位置付けを示す

重なりや構成をわかりやすくする図

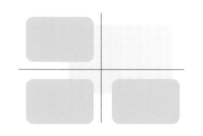

マトリクス
４象限で比較する。

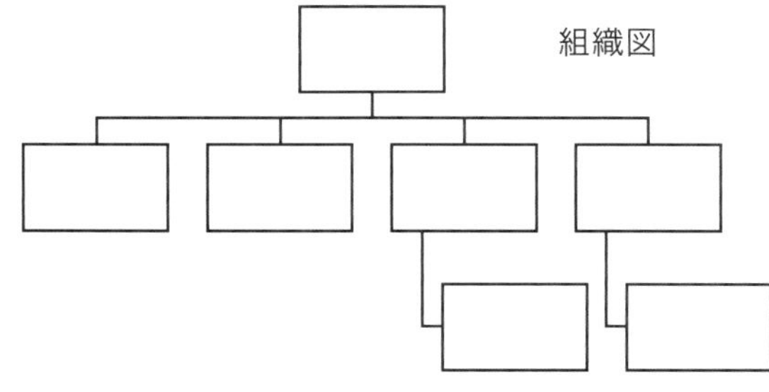

組織図

数字を表現する

グラフとは、「ふたつ以上の数量や関数の関係を図形に示したもの」(*出典:コトバンク)です。
例えば棒グラフであれば、X軸が時間、Y軸が数量を示すなどです。統計をもとに傾向をつかむことに特化していて、データを数字で読むよりもはるかに理解コストを下げることができます。
わかりやすくしようとするあまり、一部を極端に拡大するなど恣意的な見せ方をしないように注意しましょう。
どうしても面積当たりの情報量が多くなりがちなため、文字サイズや配色などの表層の技術と一緒に習得してください。

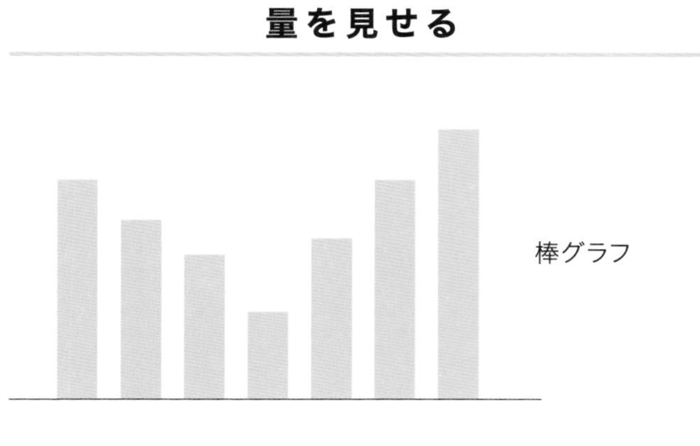

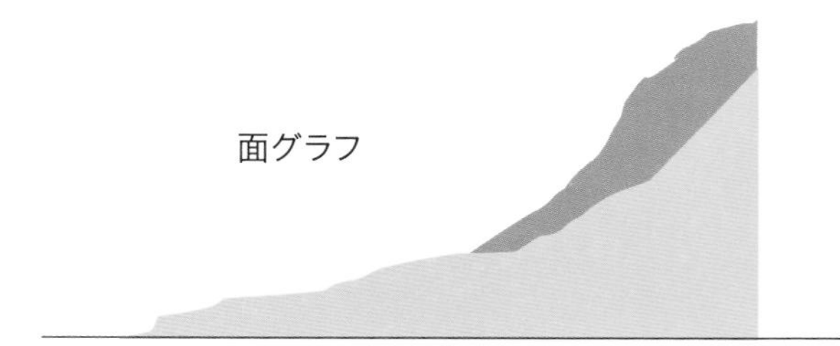

— POINT

グラフはあくまで大きな傾向を見せる役割

構成比率を見せる

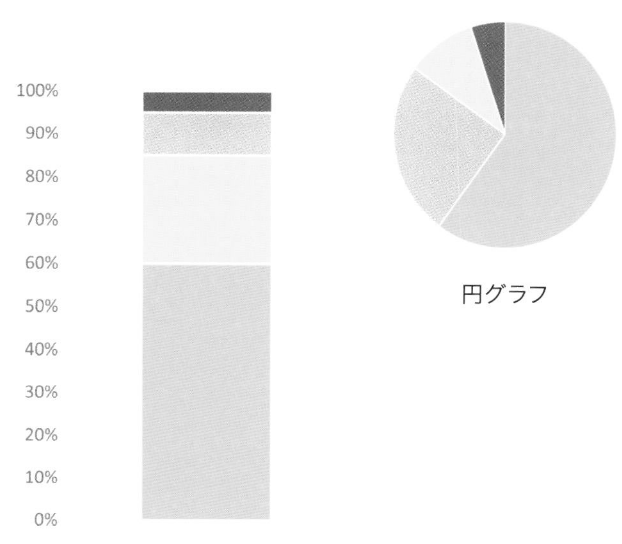

円グラフ

100%積み上げグラフ

推移を見せる

数値をわかりやすくする図（グラフ）

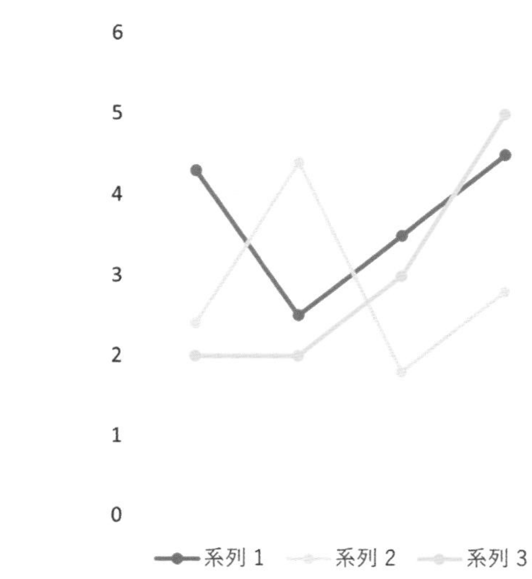

折れ線グラフ

項目が増えても比較しやすい。

写真、イラスト、ピクトグラムで表現

文字や図と併せてこれらを使いこなすと、文章だけでは伝わりにくい姿形のイメージを的確に伝えることができます。
図解の工程においては、まずはスライドの賑やかしや雰囲気作りのための挿絵としてこれらを添えるのではなく、必要最低限のもののみ使用することが重要です。
使用するかどうか迷ったら、以下を判断基準にしてください。

- ✓ **図があることによって、文章で示すよりわかりやすくなっているか？**
- ✓ **文字の代わりの役割を担っているか？**
- ✓ **文章だけの場合と比べて、かえって混沌としていないか？**

写真

年齢や髪色、場所、表情など
写真に映るすべての情報が
意味を持つこともある

メリット	デメリット
• 最も具体的 • 情報量が多い • 誰が見ても解釈がブレない	• 特定の商品、人物等を指し、スポンサーや権利関係でトラブルに発展するリスクがある • 情報量を調整できない • 背景の切り抜きに手間がかかる

誰がどう見てもこれは
「ショッピングカート」だ！

— POINT
使い分け基準のひとつは情報量

イラスト

年齢や場所など余計な情報は
描かれていない

メリット	デメリット
• 写真よりは抽象的 • リアルとデフォルメの間からテイストを選べる • 余計な具体性を持たせずに済む	• 質感やリアリティは伝えられない • トンマナ（トーン&マナー。デザインや雰囲気の一貫性、統一感）でイメージが決定される

ピクトグラム

表情が省かれ、服装も極限まで
抽象化されている

メリット	デメリット
• 最も抽象的 • 小さくても何を表しているかわかる • 文字の代わりに使える •着色しやすい	• リッチ感がない • 複雑な説明には向かない • 見る人によって解釈がブレることがある • 単調で他社とかぶりやすい

「乳母車かと思った」
と言われてしまった…！

関連ページ　P.170 本当にわかりやすい？パワポ資料にアイコンを使いすぎてしまう理由

03 表層編

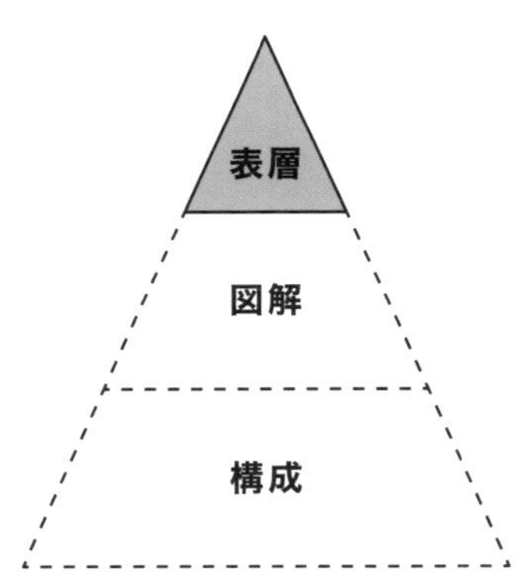

好印象を与え快適に届ける

スライドを見て最初に目に飛び込んでくる、色や文字は大きく印象を左右します。
せっかく充実したストーリーや図を作っても、表層が整っていないせいで伝わらないのはもったいないです。
特別なセンスは必要なく、コツをつかめばすぐにでも資料をブラッシュアップできます。

表層が不十分な資料

良いことが書いてありそうだけど
ごちゃごちゃして見にくい資料

見た目を整えることで
ストレスを軽減しスムーズに伝わる

重要な
ポイントは
どこ？

色を使いすぎ！

POINT

ただおしゃれにすることが目的ではない

表層の見た目を整える意味

「資料にデザインは必要ない。大事なのは中身」という意見があります。**しかし、デザインとは見た目をカラフルにしたりおしゃれに飾りつけたりすることではありません。**

世の中の出版物や街中のインフォメーションがわかりやすくストレスなく読めるのはデザイン性に優れているからです。スライドも相手のことを思いやるならわかりやすいに越したことはないでしょう。揃えや強弱を整えると、視認性が上がります。デザインが、情報をわかりやすく伝えることに機能しています。

また、配色やフォントをターゲットに合わせたり、自社らしさを表現することで、イメージをわかりやすく印象付ける効果があります。

表層の要素の例

情緒面の効果

トンマナ、意匠

＝イメージをわかりやすく伝える

機能面の効果

体裁、視認性

＝情報をわかりやすく伝える

表層デザインの機能性

各ポイントを意識することによって、それぞれ何がわかりやすくなるのかをまとめました。

前述の通り、表層が不十分な資料で最も多いのが**「ごちゃごちゃして見にくい」**事例です。

“ごちゃごちゃ”をもう少し分析すると、

- どこから見ていいのか
- 何が重要なのか
- どこまでがグループのまとまりなのか
- どういう階層構造なのか

などがわかりにくい状態と言えます。

例えば**「揃え」がないと見るべき順序がわかりにくく、「強弱」がないと何が重要なのかわかりにくくなります。**

「配色」は情緒的な（つまりイメージ作りの）役割しかないと思われがちですが、**視認性を高める／関連性を示すなどの大きな役割を持っています。**

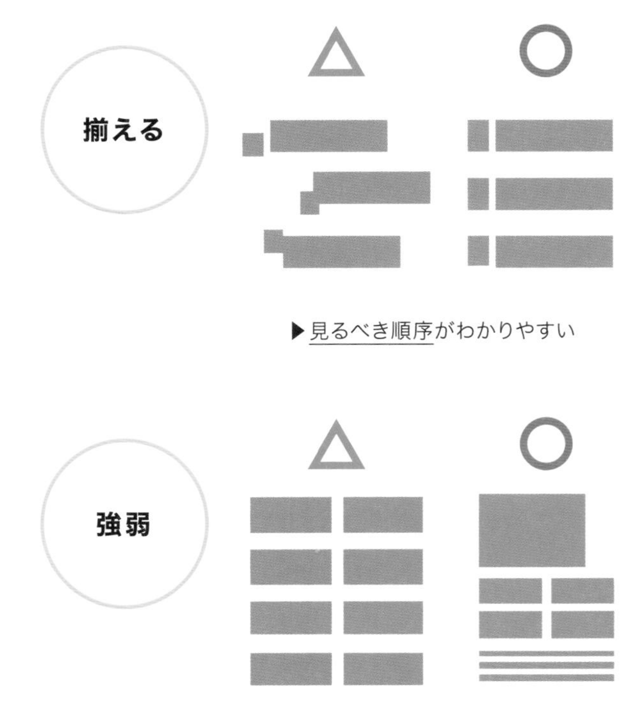

POINT

機能性が欠けると誤読にもつながる

▶グループのまとまりがわかりやすい

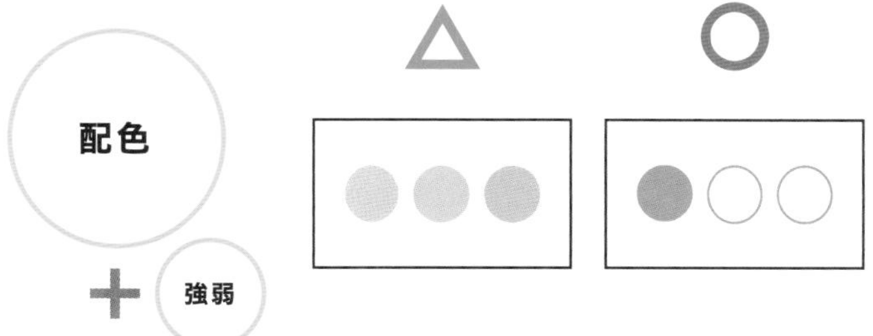

▶重要なポイントがわかりやすい

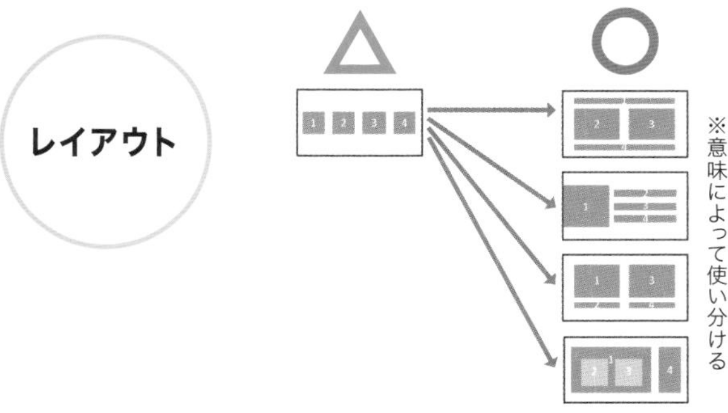

▶階層構造がわかりやすい

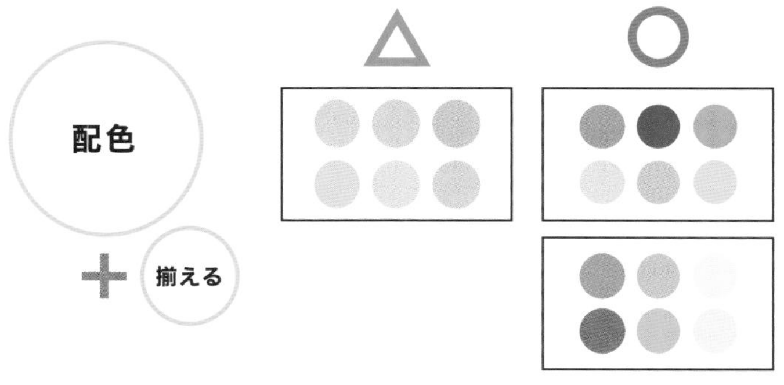

▶意味のあるカラーリングで関連性がわかりやすい

— POINT
イメージ作りはスライド作りの最後の仕上げ

表層デザインの情緒性

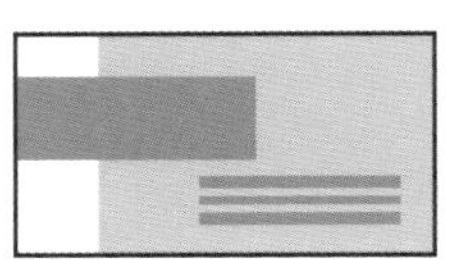
▶ダイナミックな印象

▶堅実な印象

フォント

明朝系フォント

▶抽象的な内容に使う

ゴシック系フォント

▶具体的な内容に使う

配色

▶似た色相*だと硬派な印象

▶色数が多いとカジュアルな印象

＊色相：赤、青、黄といった色味の違いのこと

余白

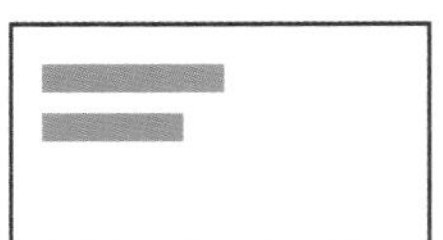
▶ハイエンド、洗練、ゆとりある印象

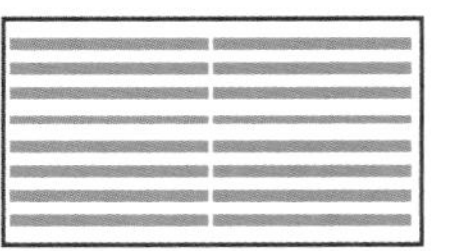
▶実用的、リーズナブル、忙しい印象

POINT
トンマナ・意匠とも言う

コンセプトに合わせた表層デザイン

例1

新規顧客に

サービスの導入を検討してもらう

ダウンロードして提供

「サービス導入で業務効率化！」
シンプルかつ洗練されたテイストで

フォント × 配色 × レイアウト

ゴシック系

▶価値を伝える ▶硬派な印象 ▶堅実な印象

例2

次年度就活生に

会社の魅力を伝えエントリーしてもらう

合同説明会大型スクリーン投影

「物流の未来を支える会社」
親しみやすく将来性を感じさせるテイストで

フォント × 配色 × 余白

明朝系

▶理念を伝える ▶企業らしさと親しみやすさ ▶洗練された印象

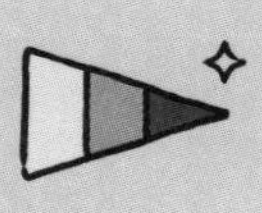

表層が作用していると…

構成・図示した内容を10倍にも
わかりやすくできる！

表層が作用していないと…

構成・図示した内容の
半分も伝わらない場合も

もちろん中身が
なくてもダメ

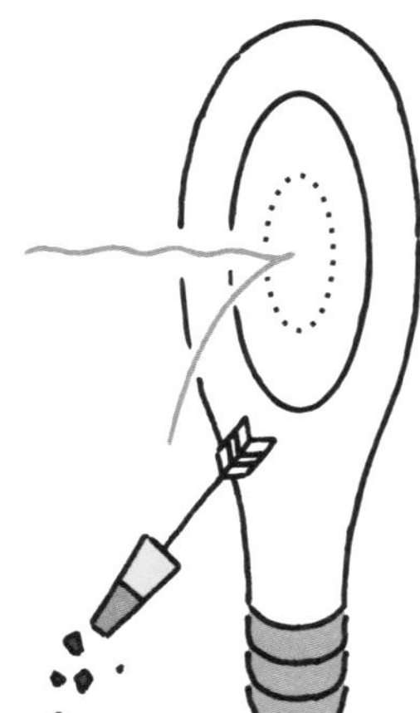

— POINT
色には色相・明度・彩度がある

配色の考え方

メインカラーの次にサブカラーを全く違う色相から選ぼうとすると、迷子になりがちです。色を「青」や「黄色」といった色相で一面的に捉えると、確実にまとまる組み合わせには辿り着きません。色の調和は、「色相」だけでなく「明度」と「彩度」の組み合わせによって大きく異なるからです。

そこで、まずは**メインカラーと同一の色相で、全体のトーンを決めるのがおすすめです。**サブカラーとの比較によって、メインカラーを明るい色に見せることも落ち着いた色に見せることもできます。

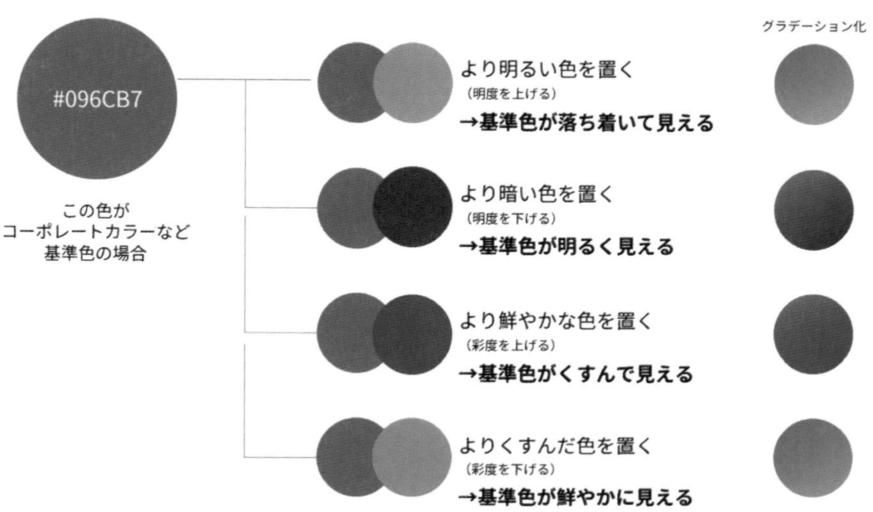
#096CB7
この色が
コーポレートカラーなど
基準色の場合
グラデーション化
より明るい色を置く
（明度を上げる）
→基準色が落ち着いて見える
より暗い色を置く
（明度を下げる）
→基準色が明るく見える
より鮮やかな色を置く
（彩度を上げる）
→基準色がくすんで見える
よりくすんだ色を置く
（彩度を下げる）
→基準色が鮮やかに見える

コーポレートカラー別使い方

コーポレートカラーが鮮やかな場合（彩度も明度も高い、原色に近い）

広い面積に使うと主張が強く、目が疲れてしまう。

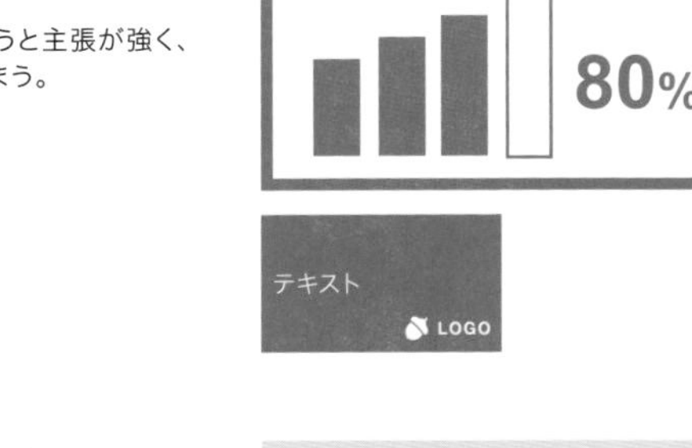

アクセントカラーとして限定的に使う。
※ただし、赤は数字に使えない。赤字を連想させ誤読を招くため。

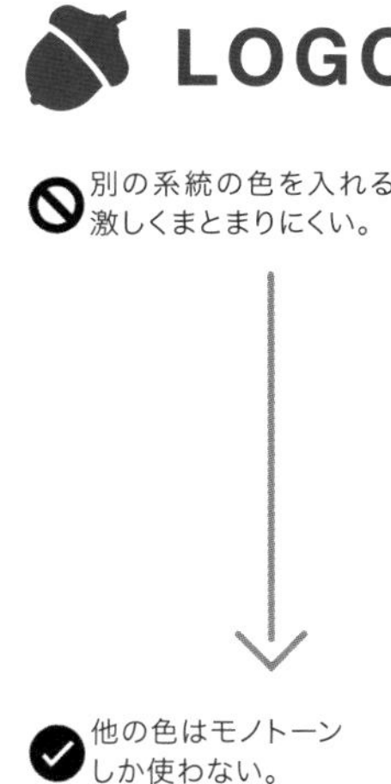

別の系統の色を入れると差が激しくまとまりにくい。

他の色はモノトーンしか使わない。

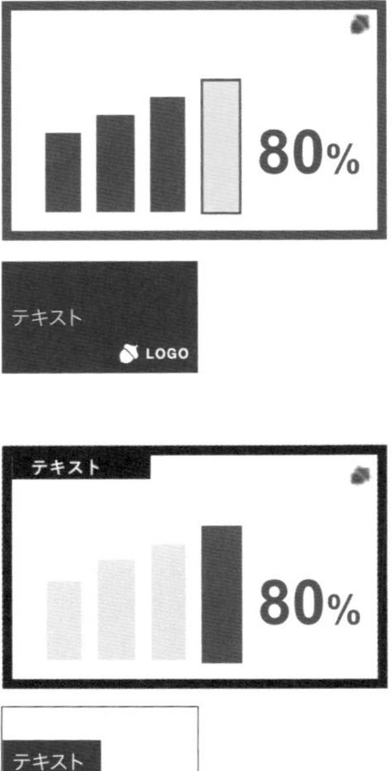

POINT

コーポレートカラーの明度・彩度に着目する

コーポレートカラーが淡い場合（彩度は低く、明度は高い）

LOGO

メインカラーとして使用できる。

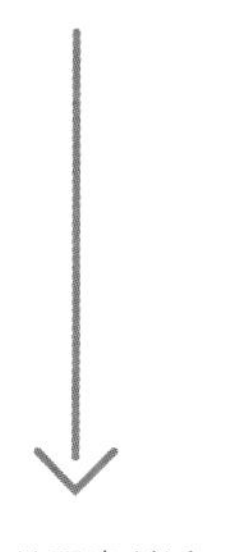

彩度または明度が近い、別の系統の色を使うことができる。

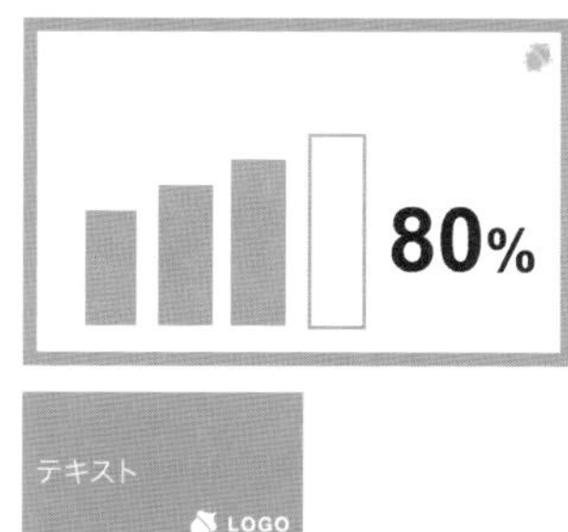

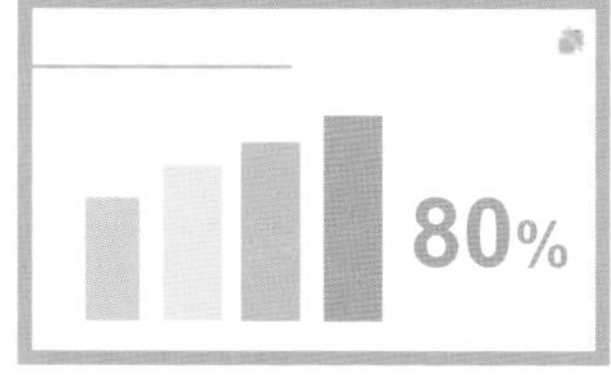

コーポレートカラーが暗い場合（明度が低い）

メインカラーとして使用できる。

彩度を下げ、明度を上げた色を使うと暗くなりすぎない。

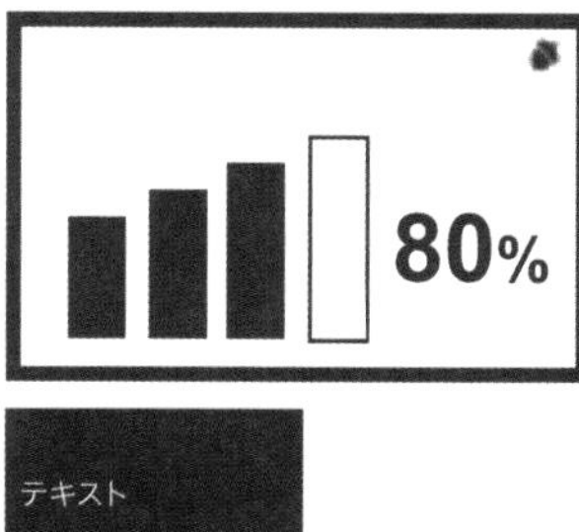

明度によって使い道が異なる

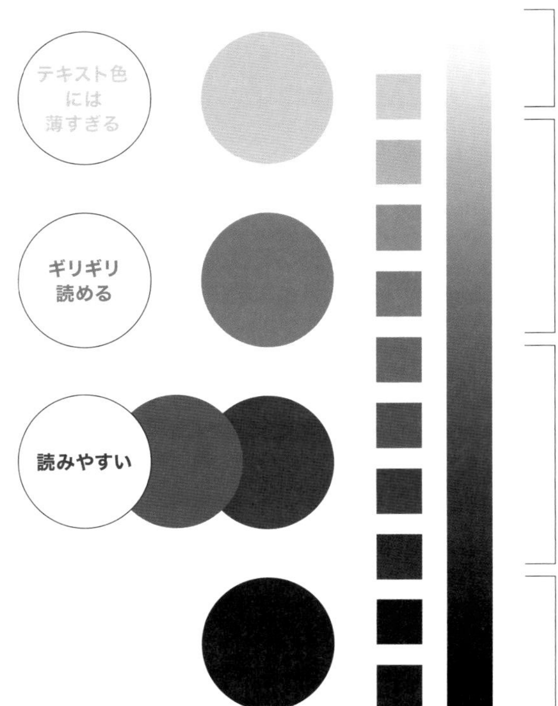

- 広範囲の背景色に使える
- テキスト色には使えない

- グレーと重ねると紛らわしい
- 注目を集めるために使おうとすると、白より沈む（白抜きの方が目立つ）
- テキストで強調に使うと、黒より薄れる（黒字の方が目立つ）
- 広範囲に使うと重たくなる

- 明度の違い、色彩の違いがわかりやすいためグラフやフロー図で段階をつけるのに使える
- テキストで強調に使える

- 黒とほとんど見分けがつかない

明度が高い
（白っぽい）

明度が低い
（黒っぽい）

POINT

明度が最も高い色は白、最も低い色は黒

例1

	A	B	C	D	E
1	○	○	○	○	○
2	○	○	○	○	○
3	○	○	○	○	○
4	○	○	○	○	○

明るい色なら
塗った部分が目立つ

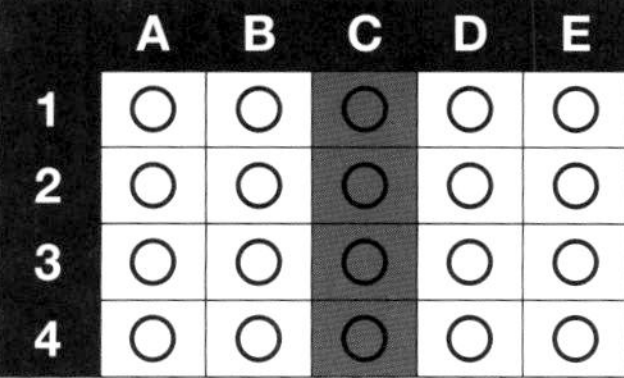

中くらいの明度の色は
塗った部分が沈む

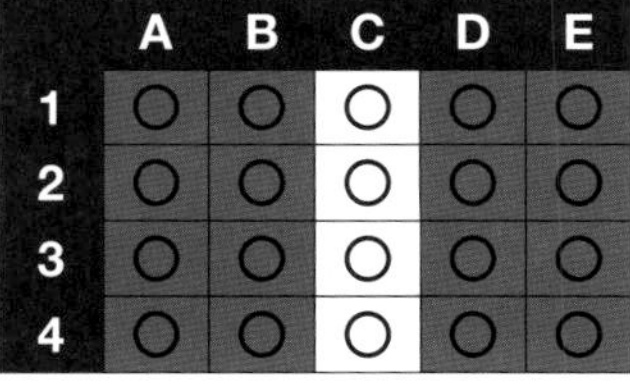

使うなら、
目立たせたいところを
白にした方が良い

例2

テキストの中で
強調するには弱い
（黒字より薄く見える）

テキストの中で
強調に使える
（目立たせることができる）

テキストの中で
強調してもわかりにくい
（目立たない）

彩度・明度チャート

赤系	ピンク系	オレンジ系	緑系	黄緑系	水色系	青系		
							鮮やか	高明度　高彩度
							淡い	高明度　低彩度
							暗い	低明度　高彩度

彩度・明度はWindowsでは［図形の塗りつぶし］→［その他の色］→［ユーザー設定］ウインドウで［カラーモデル：HSL］、Macでは［図形の塗りつぶし］→［その他の色］→［HSBつまみ］で編集します。

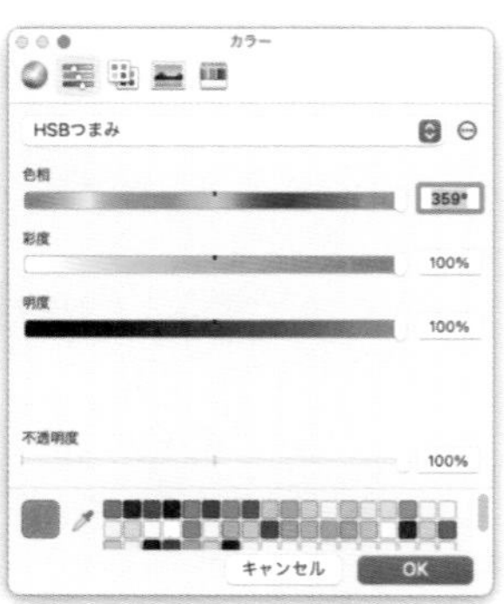

POINT

コーポレートカラーはどの色に近いか考える

鮮やかな色の特徴

- 視認性が高く注目を集める色
- 広い面積に使うと主張が強く、目が疲れてしまう
- 色相環が離れた色をサブカラーに取り入れると、まとめにくい。

こう合わせるとまとまりやすい!

- アクセントカラーとして限定的に使う。

- サブカラーは左ページの表で隣り合った色を使う

- サブカラーはモノトーンしか使わない。

淡い色の特徴

- 広範囲に使って印象づけることができる
- 白地とのコントラストが弱く、文字色には使いにくい。

目立たない!

こう合わせるとまとまりやすい!

- 彩度または明度を揃えれば、別の色相でも多くの色を使うことができる。

- 影や強調したいポイントには彩度を少しだけ上げてはっきりした色を使うと引き締まる。

暗い色の特徴

- 文字色にも部分的に使用することができる。
- 塗りとして使い、白抜き文字を置くこともできる。 **はっきり**
- 全体に使いすぎると暗い印象になる。
- 色相が離れた色でも見た目の違いが出にくい。

こう合わせるとまとまりやすい!

- 白地とのコントラストが強いため、サブカラーに中間の明るさの色を加えると良い。

- 彩度を下げ、明度を上げた色（淡い色）をサブカラーに使うと暗くなりすぎない

明度も彩度も低い色は「くすんだ色」「濁った色」になります。
コーポレートやサービスカラーに使用されるシーンが少ないため、ここでは割愛します。

POINT
まずは情緒性よりも機能性を重視する

レイアウト

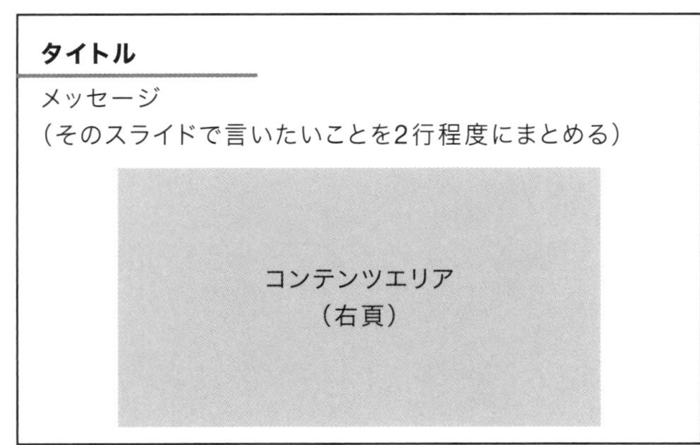

基本のスライド

基本のスライドには、

- タイトル
- メッセージ
- コンテンツエリア

があります。

レイアウトにも機能的な役割と情緒的な役割がありますが、**まずは機能的な役割を果たすことが優先です。**図解編（P.40-41）で書いた通り、スライドに置く各要素がどのような関係かをわかりやすく表すことができます。

タイトルなし全面
（キースライドなど）

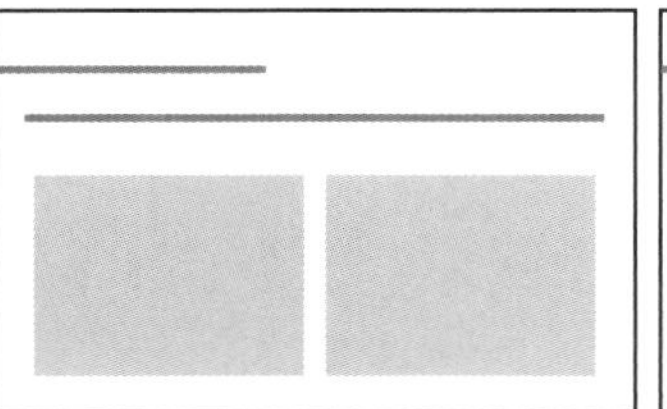
基本の2カラム
（2つの重要度は同じ）

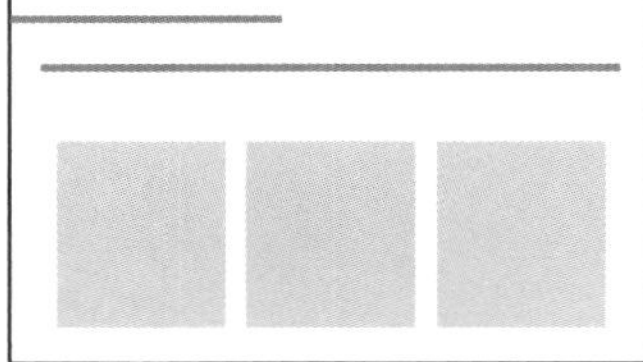
基本の3カラム
（3つの重要度は同じ）

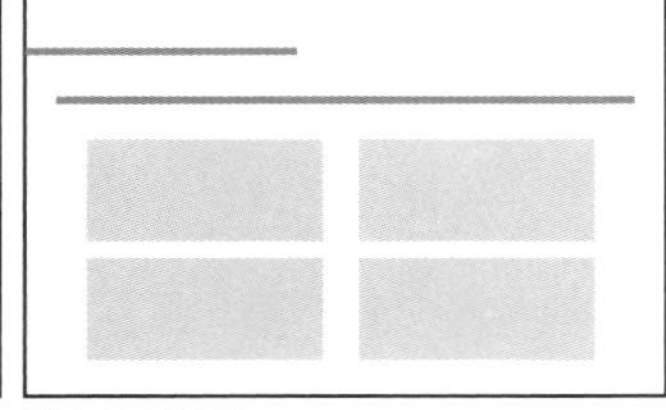
基本の4カラム
（4つの重要度は同じ）

— POINT
並べ方で各要素の関係性を表す

コンテンツエリアの中身

4要素がある場合の例

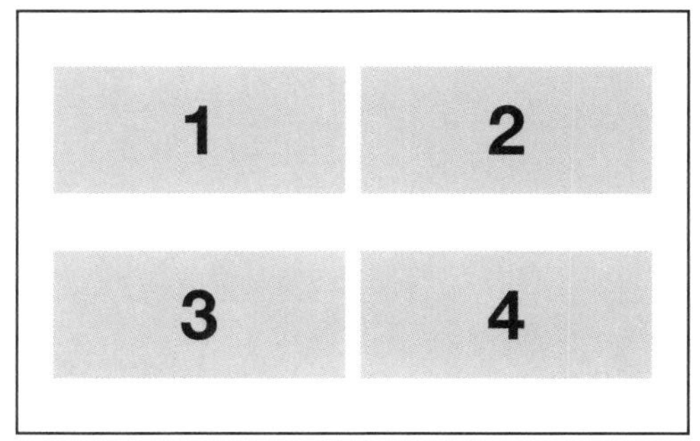

レイアウトの種類

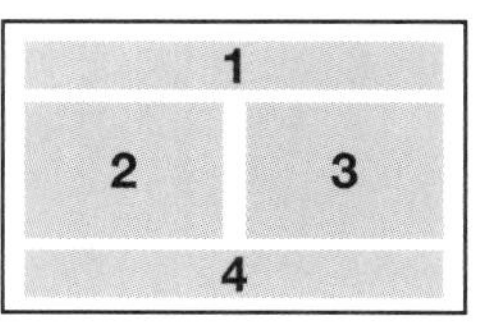

「1（問い）、2・3（根拠）、4（結論）」

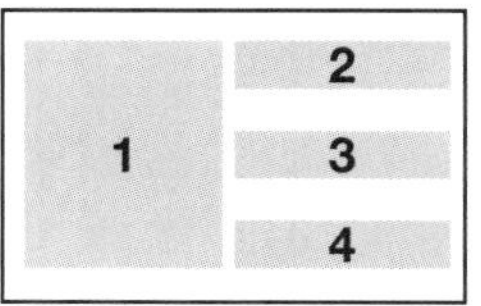

「1について（2、3、4）」

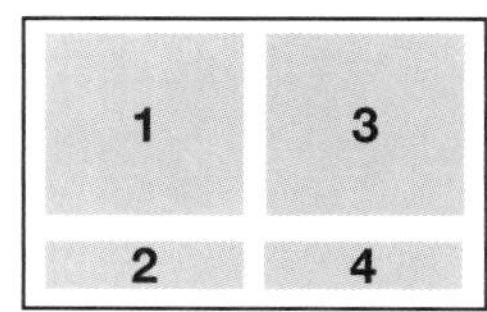

「1（2）と、3（4）」

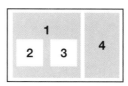

「1（2・3を含む）
と（4）」

どちらも大事だけど、
まずは情緒的な「かっこよさ」より
機能的な「わかりやすさ」を優先！

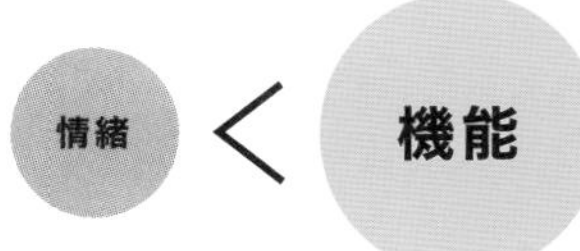

POINT
並べ方で読むべき順番を示す

揃え（整列）

横書きのスライドは、基本的に左から右へ、上から下へと読み進めます。すべてのオブジェクトの左端が揃っていることで、上から順番に読めばいいということがわかります。上端が揃っていれば、左から右へと自然に読むことができます。

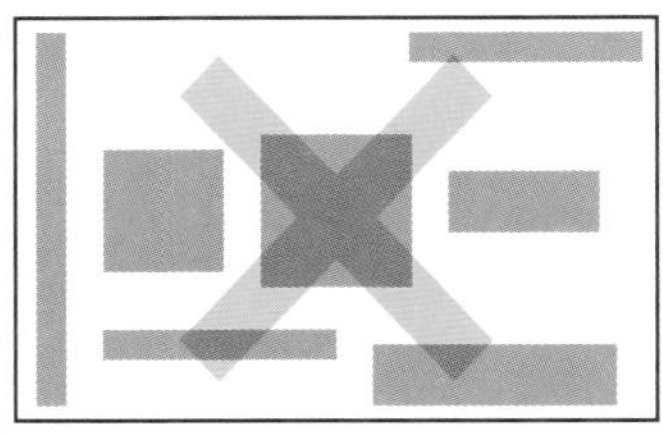

左端も上端も
バラバラだと、
どこから読めば
いいのか混乱を招く

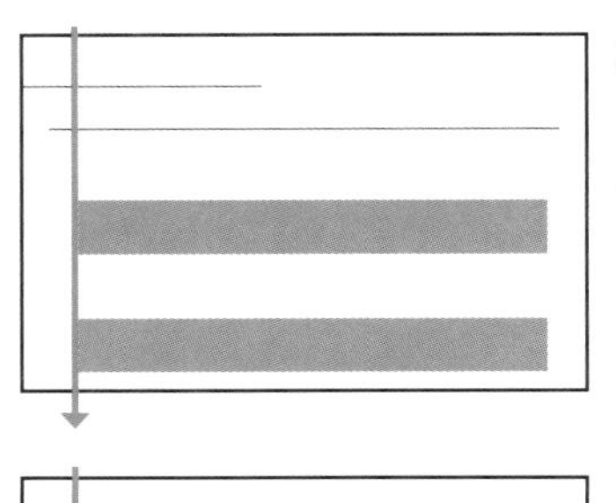

左揃え
ほとんどすべての
スライド

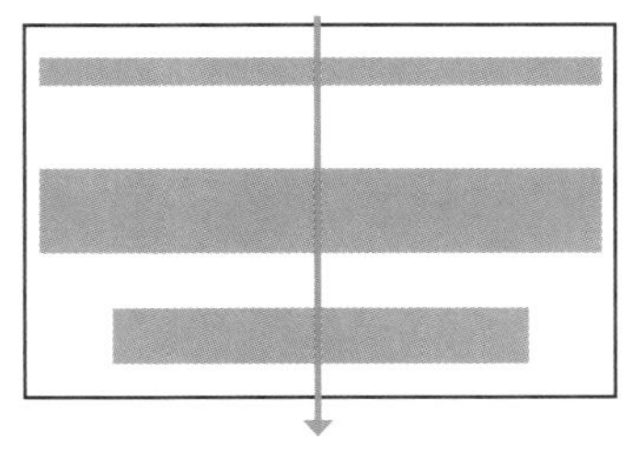

中央揃え
キースライドや表紙など
インパクトを持たせたいとき

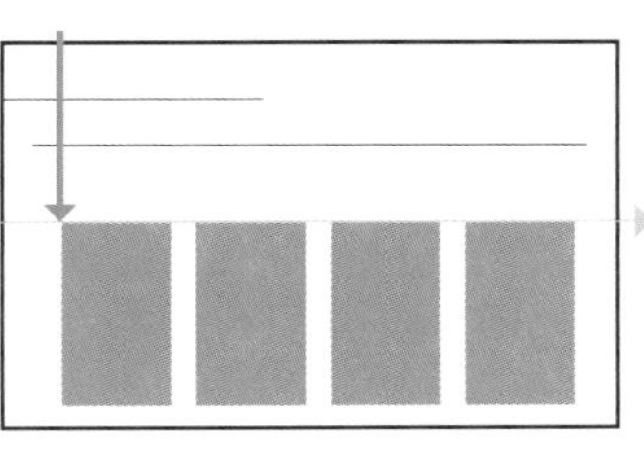

上のラインが
揃っていれば
左から右へ読む

初期費用 ¥ 200,000
月額費用 ¥ 5,000
更新費用 ¥ 20,000

右揃え
価格や数字は
カンマの位置を揃える

フォント選び

PowerPointではファイルを開くPCに使用フォントがインストールされていない場合、アラートなしで他のフォントに置き換わります。複数人で作業をすることも考慮し互換性を確認しましょう。
本書で紹介するスライドは右記のフォントを使用しています。M plusやBIZ UDPゴシック、メイリオは書体のふところ（文字の内側の空間）が大きく、親しみやすいカジュアルな印象を与えます。
Noto SansとM plusは誰でも無料でダウンロードできる視認性の高いフォントです。デフォルトのフォントのウェイト（太さ）はBoldとレギュラーの2種類ですが、Noto SansやM plusは6～7種類用意されていて最適な太さを選択することができます。

游ゴシック

パワーポイントではファイルを開くPCに使用フォントがインストールされていない場合、アラートなしで他のフォントに置き換わります。

Noto Sans

パワーポイントではファイルを開くPCに使用フォントがインストールされていない場合、アラートなしで他のフォントに置き換わります。

M plus

パワーポイントではファイルを開くPCに使用フォントがインストールされていない場合、アラートなしで他のフォントに置き換わります。

BIZ UDPゴシック

パワーポイントではファイルを開くPCに使用フォントがインストールされていない場合、アラートなしで他のフォントに置き換わります。

— POINT
見た目は同じでもスライドサイズによって異なる

フォントサイズ

フォントサイズは役割ごとにルールを定めておくとわかりやすく、運用もしやすくなります。ひとつのファイルを通して、**同じ階層の見出しは同じサイズで一貫させます。**
スライドにおいてはチラシやブログと異なり、タイトルを最も大きくする必要はありません。よりコンテンツエリアに場所を割いた方が良いからです。
フォントサイズはスライドサイズに相対するため、一概に何ポイント以上なら読みやすいとは言えません。右図は「ワイド画面（横33cm）」設定時の資料の一例です。

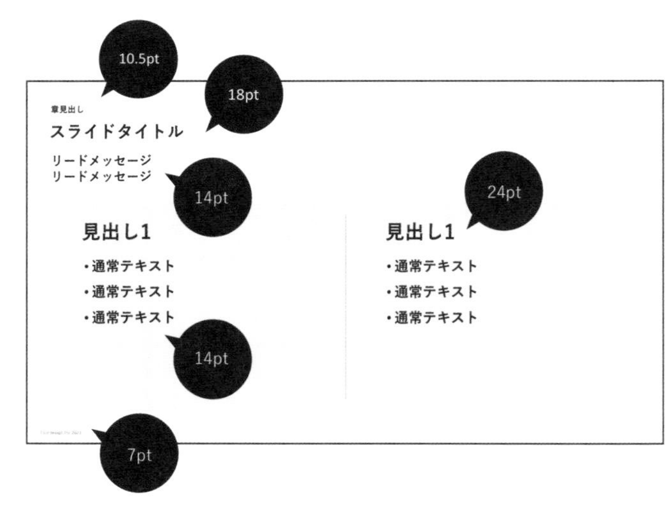

【よくある質問】何ポイント以上にすればいいですか？　【答え】スライドサイズによって変わります！

「ワイド画面」
横33cmのときの見え方

「画面に合わせる（16:9）」
横25cmのときの見え方

ジャンプ率

フォントサイズの設定は、他のサイズとはっきり異なるものにする必要があります。
例えば見出しが24pt・本文が22ptでは強弱の意図が伝わらず、単にガタガタ不揃いに見えてしまいます。プルダウンの選択肢で少なくとも**2段階以上は差をつけると読みやすくなります。**
大きい文字と小さい文字のサイズの差が大きいことを「ジャンプ率が高い」、差が小さいことを「ジャンプ率が低い」と言います。
メッセージなどを書くキースライドでは通常のスライドよりもジャンプ率を高くすると訴求力が強くなります。

ローカルの新卒に特化

私たちは地元密着型の採用サービスを展開しています。

大きい字と小さい字の差が極端
↓
インパクトがある。
チラシやポスター寄り

ローカルの新卒に特化

私たちは地元密着型の
採用サービスを
展開しています。

大きい字と小さい字の差が少ない
↓
落ち着いた印象。
ドキュメント寄り

写真の使い方

写真は強い情報です。人が写真から受け取る情報は多く、スライドの第一印象を決定する大きな要素になります。少しの色温度の違いが企業イメージを左右します。
一般的に**青みがかった写真はクールで若々しい印象になり、黄みがかった写真は温かみがあり親しみやすい印象を作ることができます。**

— POINT

色温度で印象をコントロールする

2020年代以降AI技術が急速に発展し、誰でも修練を積めばAIで画像を生成できるようになりました。
ただし、ネクタイやボタン、手の向き、指など細かい部分におかしなところがないか注意しましょう。色味が日本人好みでない場合もあるので、Photoshopでの微調整を加えると使いやすくなります。
AIにまつわる法的な問題はまだ追いついていないため、今後の動向に注目です。写真素材を使う際は著作権案件等のライセンス条項を必ず確認しましょう。

AI画像チェックのポイント

現実的にありえない描写になっていないか
- 手指がおかしくないか
- ボタンやネクタイ、身頃の合わせが正しいか

日本のビジネスシーンに合っているか
- 色味やコントラストが強すぎないか
- 外国人ばかりではないか（フリー素材感）

AI生成感が強すぎないか
- 肌がつるつるすぎないか
- 文字が破綻していないか

意図的に統一させない

資料を通して色やあしらいを揃えすぎると、意図せず「関係のないものどうし」が対応しているかのような見せ方になってしまうことがあります。
「関係ないものどうし」の色や数がうっかり揃ってしまったときは、意図的に「揃えない」ように別の表現を探しましょう。

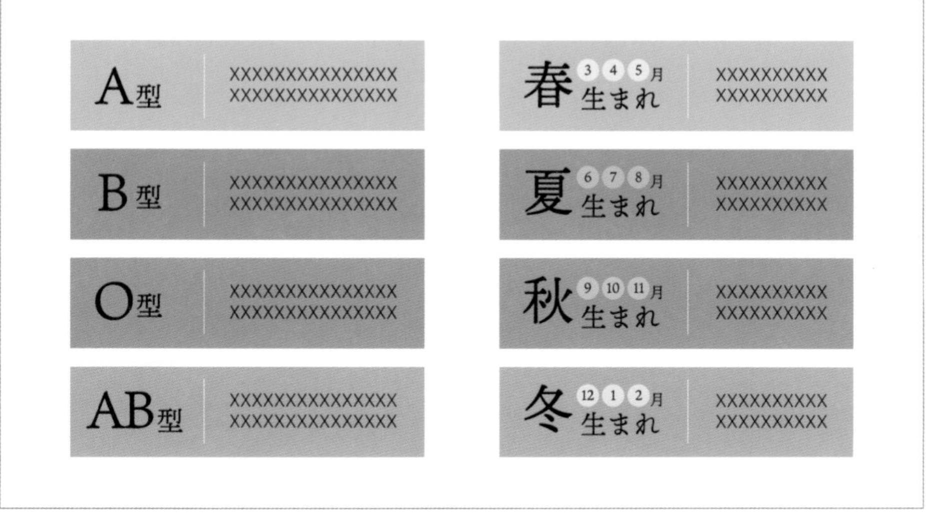

①数　②位置　③色

が一致しているため、左グループと右グループに意味的な関係性を見出そうとしてしまう。しかし、4つの血液型と4つの季節は対応関係ではない。

— POINT
関係ない要素の表層が似ていると紛らわしい

→

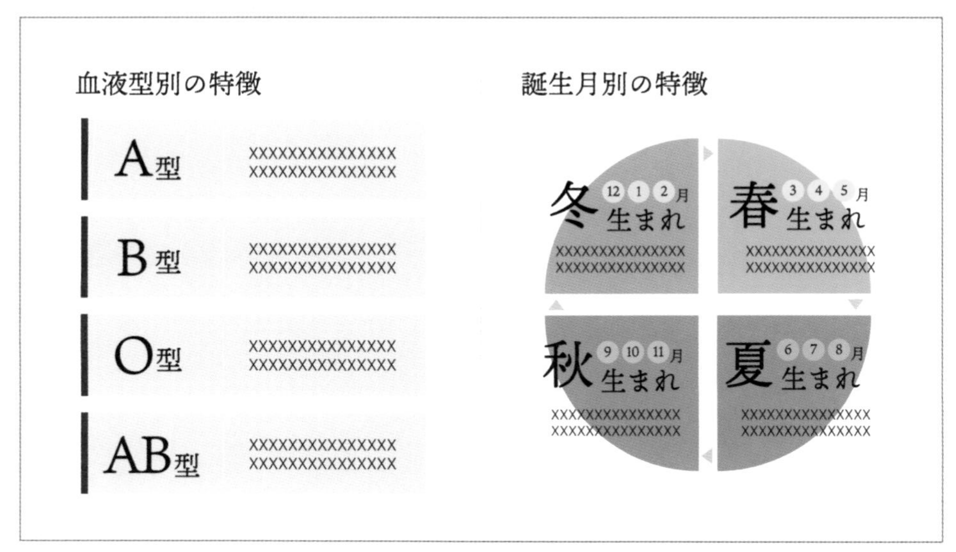

①見出しをつける　②色を変える　③位置を揃えない　④あしらいを揃えない

左グループと右グループに関連性を感じさせないようにする。

special column

ざっくりわかる PowerPoint スライドマスター

本書では、【構成】はWordで作り、【図解】は紙に手書きでラフを作ることをおすすめしていますが、やはり現実的には時間がないため、いちいち工程を分けずにいきなりスライドから作りたいという人も多いでしょう。
色やフォントは【表層】なので本来最後に考えるものですが、一度適当な書式設定で作ってしまったものを後から直していくのは非効率です。
企業の指定テンプレートがあればそれを使います。ない場合は［新規］→［新しいプレゼンテーション］を開いたらそのまま中身を書き始める前に、［表示］タブ→［スライドマスター］を開いてください。
デザインのルールを先にスライドマスターで設定しておくことで、【表層】の一部は自動的に完成します。

よくあるダメな例

1. スライドデザインを決める
2. 使いたいテンプレートや参考事例を集める
3. 何を書くか考える

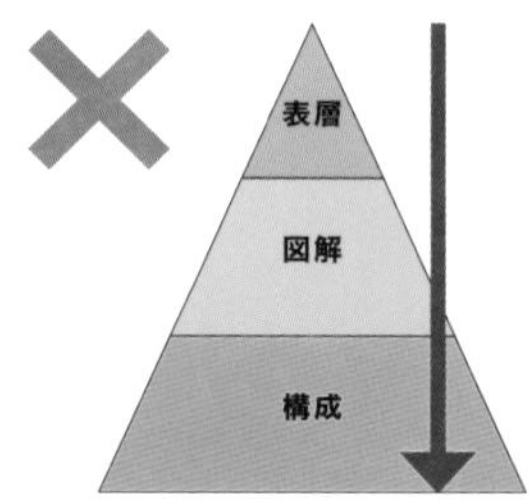

本書で説明してきた順序

1. 何を書くか考える
2. スライドでラフを作っていく
3. 最後に色や装飾を加える

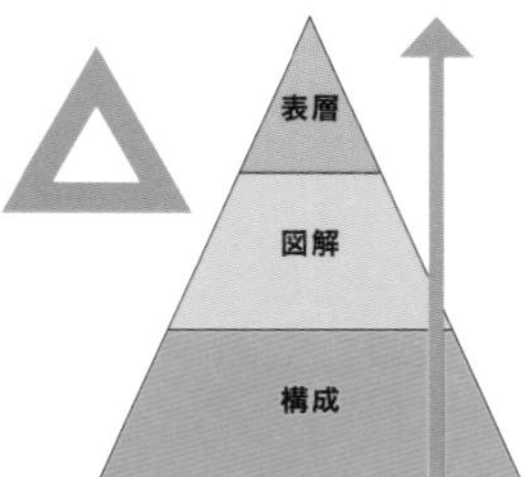

おすすめの方法

1. 何を書くか考える
2. **スライドマスターでデザインルールを規定する**
3. スライドにラフを作っていく
4. 色やフォントはすでに適用されている！

スライドマスターの意義

PowerPointがIllustratorと最も異なる点のひとつが、このスライドマスター機能です。スライドによって誰もが効率的に、統一感を保ったまま、スライドを作成・更新できます。

スライドは作って終わりではなく、それを営業に使ったり、それを元に議論が行われたりする過程で、**一度作ったものをベースに更新していくケースが多々あります。**

組織において、統一感のある資料を作ることは、機能的にも情緒的にも重要です。

スライドマスターやデザインルールがないと…

- 作成者によってクオリティに差が出る
- 見るべき位置や色のルールが変わってしまう

→わかりにくい（機能面）

- ステークホルダーからの企業イメージが定着しない

→わかりにくい（情緒面）

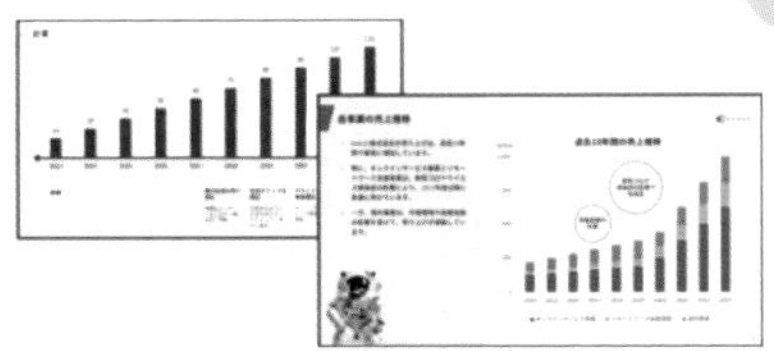

— POINT

できることは3つ、主な効果も3つ

1 スタイル（色・フォント・サイズ）を定義しておく

2 よく使うレイアウトを登録しておく

3 共通するオブジェクトを配置しておく

- 統一感を持たせる
- 作業効率化・時短
- メンテナンス性（更新しやすさ）向上

POINT

一括で変更できる

1 スタイル（色・フォント・サイズ）を定義しておく

よく使うスライドのパターンを登録したものが「レイアウト」です。各レイアウトでは、タイトルやメッセージ、コンテンツの位置を固定できます。これが「プレースホルダー」です。
プレースホルダーは、塗りつぶしや線の有無、およびそれぞれのテキストの色・フォント・フォントサイズを決めておくことができます。
一通りスライドを制作した後でも、**マスター上でプレースホルダーの色やフォントを変更すれば、そのレイアウトを使用したスライドすべて一括で変更が反映されます。**

タイトルとコンテンツ

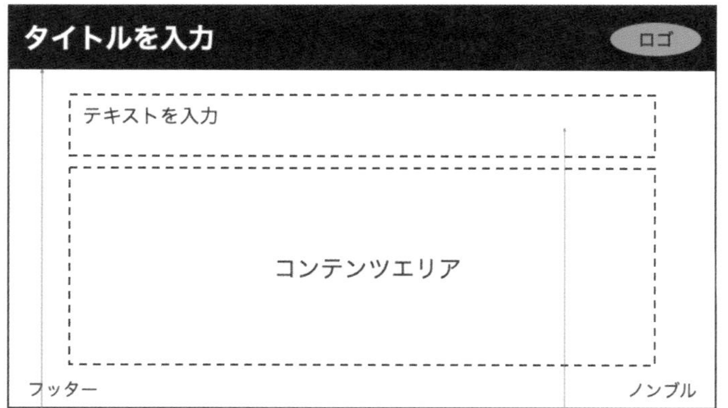

「タイトル」に入力する文字は、18pt/游ゴシックBold/#000000

このプレースホルダーに入力する文字は、12pt/游ゴシック/#BBBBBB

例えばこんな時に便利です。

- 前年度のスライドを内容はそのまま再利用し、配色だけを変更したい時
- プレゼン作成を進めるうちにタイトルが長くなってきてサイズを全て縮小したくなった
- 中央揃えで作り始めたが、やっぱり左揃えに直したい

マスターを利用していない場合、スライドを1枚ずつ開いて全頁修正する必要がありますが、マスターを正しく利用していれば1回の修正作業で済みます。

重要ポイント
後から編集しやすくするために、タイトルは必ず「タイトル」のボックスに入力してください
通常のテキストボックスをコピーしてタイトルとして使っている場合、この一括変更が反映されません。

POINT
必要最低限でOK

2 よく使うレイアウトを登録しておく

「新しいプレゼンテーション」を新規作成すると、ひとつのスライドマスターの中にはデフォルトで11種類のレイアウトが用意されています。しかし、縦書き用のレイアウトなど、実務では使用頻度が低いものもあります。

はじめは使用頻度の高い5種類に絞っておくと、新しいスライドを挿入する際にすっきりして選択しやすくなります。

資料作成を進める過程で、2カラム・3カラムなど固定のパターンのスライドが続きそうであれば、後からレイアウトを登録することもできます。

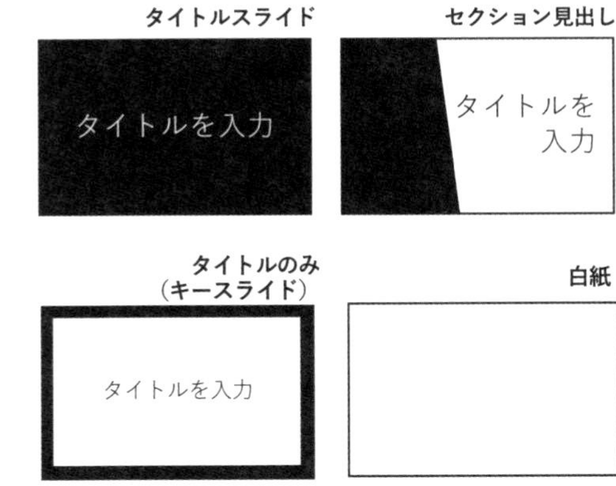

POINT

ロゴや背景はマスターに配置

3 共通するオブジェクトを配置しておく

プレゼンでページをめくるたびに、ロゴの位置が少しずつ上下左右にずれていると気が散ってしまいます。全スライドで同じ位置に固定されているべきオブジェクトは、**うっかり編集中に触ってずらしてしまうのを防ぐため、マスターに置きましょう。**

マスターに置いたオブジェクトはスライド編集画面で動かすことができません。スライドマスターに配置したオブジェクトは、以降そのレイアウトを使用するすべてのスライドにも配置されます。

オブジェクト
- ヘッダー（タイトル周りのデザイン）
- 背景画像
- ロゴ画像

プレースホルダー
- タイトル
- テキスト
- フッター（コピーライトなど）
- ページ番号

各スライドの固有の要素は動かせる

スライド編集中に触っても動かせない

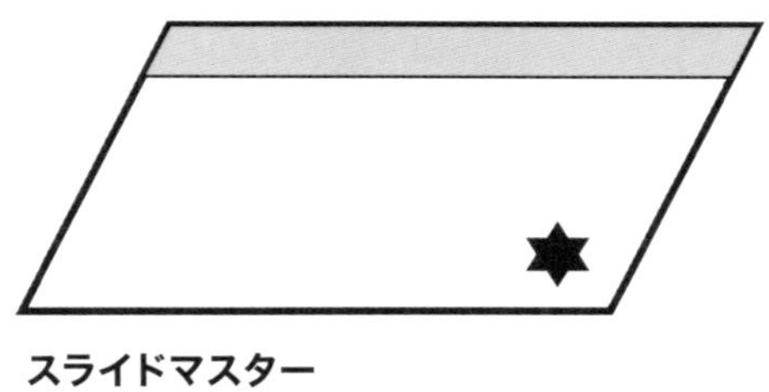

スライドマスター

スライドマスターとデザインの設定

A4　4:3　16:9

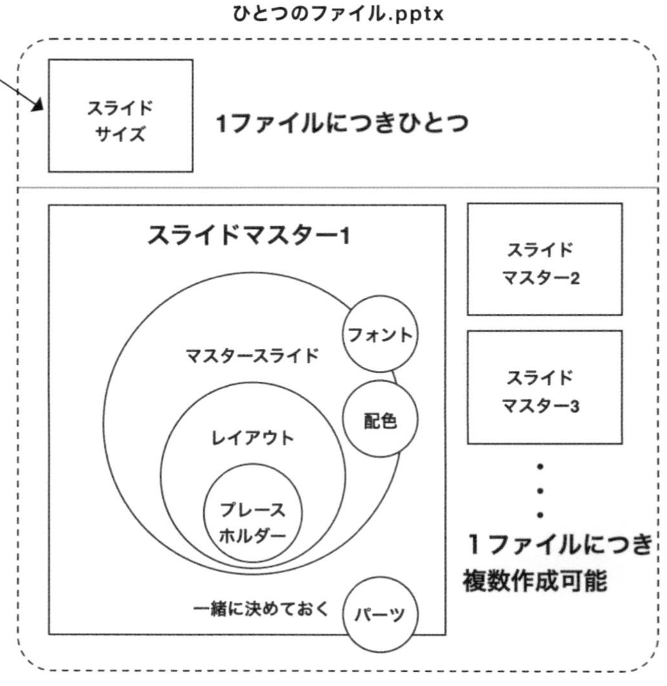

スライドサイズはひとつのファイルでひとつしか設定できません。「スライドマスター」はひとつのファイルで複数作ることができます。マスターごとに、デフォルトのフォント（見出し／本文）や配色を設定できます。
さらにマスターの中には「レイアウト」が複数あり、それぞれのプレースホルダーには個別のフォントサイズや色を規定できます。
パーツはスライドマスターではありませんが、コピーして使えるように最初か最後のスライドに置いておきましょう。

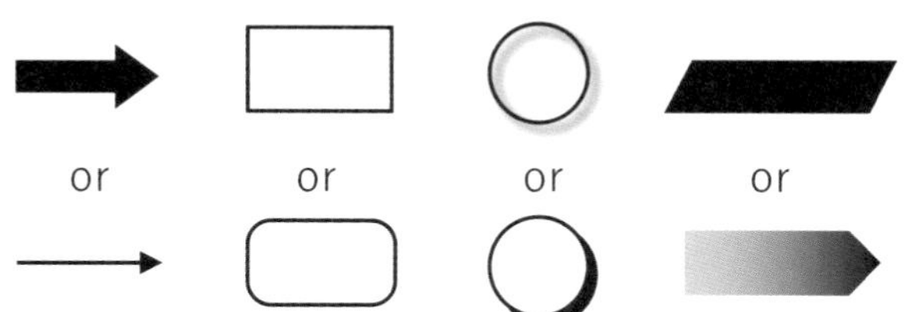

素材を購入してみよう

素材画像を1枚使うだけでも、全体の品格を上げ、配色まで美しくまとめることができます。イメージにおける印象の割合が大きいのでクオリティアップのためのコスパ・タイパも良いと言えます。
素材サイトはたくさんありますが、高品質な画像がダウンロードできるAdobe Stockでの例を紹介します。

1. Adobe Stock上部のタブから「ベクター」または「イラスト」を選択
2. 「Background」で検索
3. 左の[フィルター]→[カラー]から、コーポレートカラーのカラーコードを入力
4. ライセンスを取得　※利用規約を確認してください。

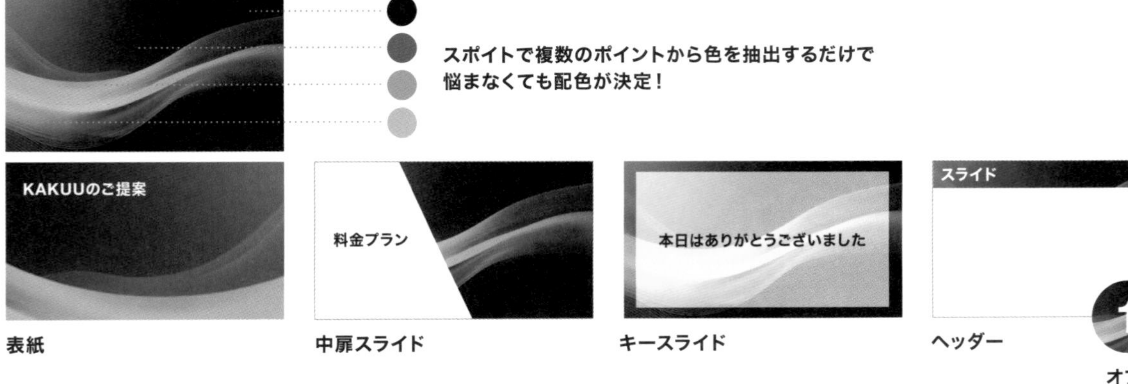

反転したり、拡大したり、トリミング次第でたった1枚の画像から統一感のあるスライドパターンを作成できる。

初めに購入するならこれ！おすすめ素材

・表紙

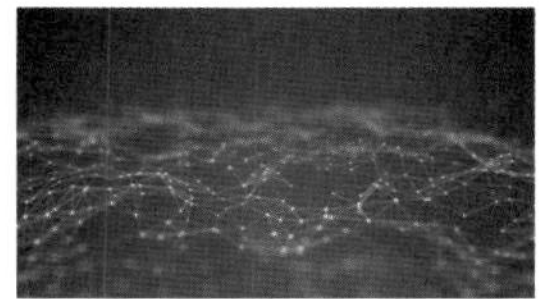

・町や都市のイラスト

ヒットしやすい検索ワード　city / town / building

・複数のパターンのお得な詰め合わせセット

ヒットしやすい検索ワード　banner / pattern / covers

・フラットな人物

Illustratorがあれば、ベクター形式で個別に使用できる

Illustratorがない場合、pngでもトリミングしやすいように背景がなく、一人一人のキャラクター間に余白があるものがおすすめ

ヒットしやすい検索ワード　person / flat / isometric / business

chapter 2

わかりやすい
スライドデザイン事例
アイデア

表層を整えることは、わかりにくいスライドを見せられる時に発生する「ストレス」を軽減し、「スッと頭に入ってくる」ことに寄与します。

そんな細かいところにいちいち気を遣うの？と思う方もいるかもしれませんが、ここで紹介するテクニックの多くは一度知って設定さえしてしまえば以降毎回手数がかかるものではありません。むしろ、時短につながります。

本章では、各スライドで発生しがちな悩みに対し、事例を通してスライド作成の哲学を展開しています。

01 会社の魅力をわかりやすく

会社説明資料とは

商談時に使う基本的なスライドのセットのことを指していたり、採用用途で使用したり、企業によって定義が異なります。これらのスライドがしっかり作りこんであると、企業イメージの向上を図ることができるでしょう。

このサンプルのコンセプト

ターゲット: ステークホルダー
使用シーン: 初回商談時のオンライン画面共有
目的: 会社の魅力を知ってもらう
トンマナ: 企業理念である誠実さと事業拡大している勢いを伝えるため、情報スライドは落ち着き、ビジュアルスライドでは躍動感を演出。コーポレートカラーから3色のブルーを使用。

会社説明資料のデザインサンプル

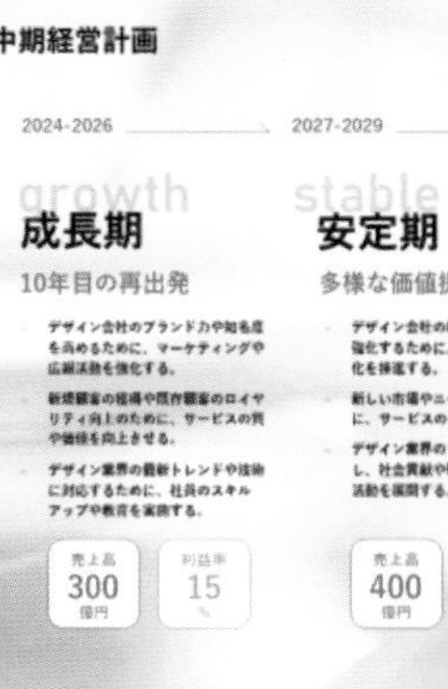

会社の魅力をわかりやすく伝えるポイント

沿革や企業理念などのビジュアルスライドでは写真や表層にこだわって世界観をしっかりと伝える一方で、事業内容などの情報スライドでは提携フォーマットの中で文章と作図を駆使します。
ビジネスにおける信頼感を得るためには、遊びと真面目のバランスが会社の思想にマッチしていることがポイントです。

会社説明資料のよくある構成

1. 表紙
2. 会社概要
3. 目次
4. MVV（ミッション・ビジョン・バリュー）
5. 沿革
6. 代表者メッセージ
7. 事業内容
   - 社会課題
   - ビジネスモデル
   - ソリューション
8. ポジショニングマップ
9. 価値創造プロセス図
10. 今後の展望

表紙

ロゴの青色と写真をふんだんに使い、会社のイメージが伝わる資料を作ります。
表紙は要素数が少なく、実はシンプルな方がバランスを取るのが難しいスライドです。

重なりで前後感を出しアクティブな印象に

背面のオブジェクトからはみ出させることで重なりが伝わります。
ずれてしまっただけだと思われないよう、面積の３割以上をしっかりとはみ出させましょう。

もっとシンプルに

装飾を限りなく減らし、右半分にプレースホルダーを作ることで簡単に差し替えができます。
★［スライドマスター］→［プレースホルダーの挿入］→［図］

もっとクールに

自社素材とストック素材を組み合わせ、すべての色調を統一しています。
★［図の形式］→［色］→［ブルーグレー］

IDEA どんな印象を持たれたいかで写真を選定する

動きがある

活発な議論が行われている様子から、アクティブに事業を推進しているイメージ

同じ目線

堂々とした佇まいから頼もしく、フランクで顧客との距離は近そうなイメージ

対話を大切にしている

顧客対応のシーンから、丁寧で寄り添った提案をしてくれそうなイメージ

プロ集団

フォーマルで実績を感じさせる、安定していて信頼できそうなイメージ

関連ページ P.74 写真の使い方

目次／扉スライド

写真は会社の雰囲気を伝えやすいですが、先方の印刷コストを念頭に置くと、全面で多用しすぎることは好ましくありません。そこで、要素数が少ない目次や中扉は写真を使うチャンスです。半面を有効活用しましょう。

角丸トリミングで簡単に凡庸さから脱する

ひとつの角を大きく削ることによってパワポらしくないシェイプが生まれます。ただ画像を置いただけではシンプルすぎてしまう場合にもおすすめです。

★画像を選択した状態で、[トリミング]→[図形に合わせてトリミング]→[四角形:ひとつの角をまるめる]

もっとシンプルに

目次をひとつのテキストボックスに打ち込んで箇条書きと段落番号を設定しています。

もっとクールに

モノトーンにすることで、色調がまとまります。

★[図の形式]→[色]→[色の変更]→[ブルーグレー]

IDEA 扉だけ異なるレイアウトでプレゼン全体にリズムをつける

ほとんどの中面スライドが横幅いっぱいにオブジェクトを置くレイアウトなら、扉スライドは中央で区切るレイアウトを使用し、章の境目をわかりやすくします。

目次をコピーし、該当の章に色をつけることでそのまま扉スライドとして使用できます。

1

2

ここから話が
変わることが一目でわかる

3

ここから話が
変わることが一目でわかる

関連ページ　P.81　②よく使うレイアウトを登録しておく

ミッション

ミッション・ビジョン・バリューを伝えるページは、
スライドの中でも世界観を伝えるスライドになります。
文字を置きやすいストックフォトなどを使用して、ビジュアルで訴求をしましょう。

ひと手間を加えて立体的に見せる

スライドの左端にピラミッドを置くときは、右面を明るく。スライドの右端にピラミッドを置くときは、左面を明るくすると自然です。明るい色の面に光が当たっているように見えます。

もっと明瞭に

背景の写真をなくし、三角形の面の色相差を大きくしています。

もっと簡単に

背景を暗くし、平面の三角形に線を引いています。
★［図の形式］→［修正］→［明るさ・コントラスト］→［明るさ -40%］

IDEA 意外と簡単で汎用性の高い立体ピラミッド

光が当たっている方を向いているように見せる

1. 三角形を挿入し、左へ 90 度回転

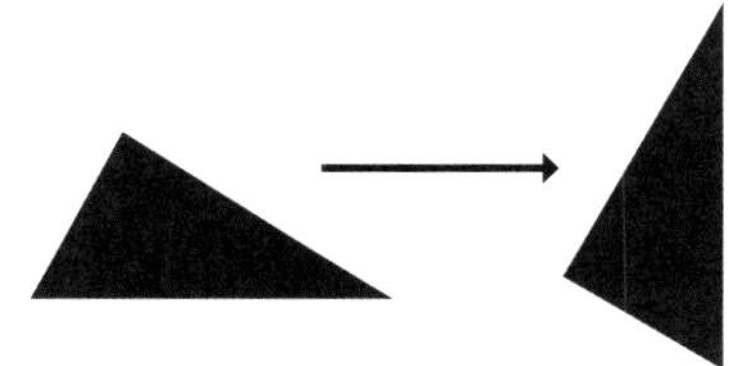

2. 隣に複製して、左右反転

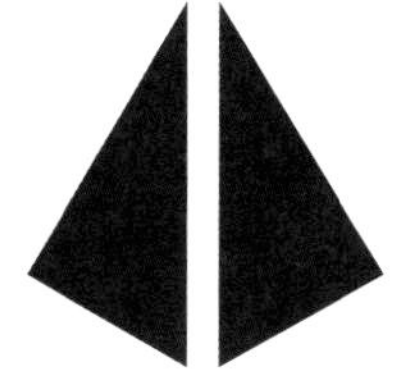

3. 中心をぴったりくっつけ、右は少し明るい色に変更

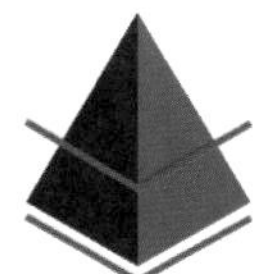

4. フリーフォームで底をなぞるように直線を書く
5. 上に複製し、[Ctrl] + [Shift] で角度を保ち縮小
6. 4 を複製し上下反転、透明度を 80%に変更。頂点を底の両端に合わせる

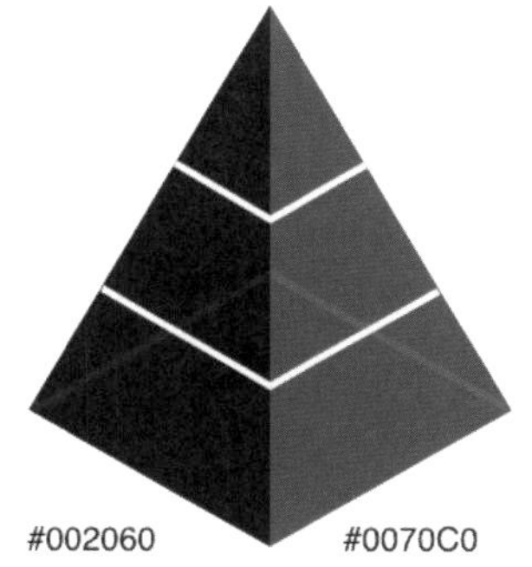

2つの錯覚を利用しています。
①明るい面に光が当たっているように見える
②底の奥の辺を半透明にすることで、面が透けているように見える

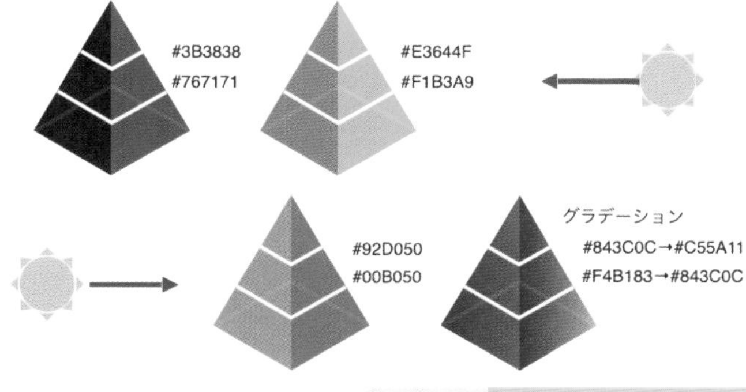

関連ページ P.66 彩度・明度チャート

沿革

会社の歴史を時系列で表現します。情報量のコントロールは必要ですが、個性を出しやすいスライドでもあります。画一的になりがちな資料の中で、ななめのラインを取り入れるなど動きを出すことができます。

ななめのレイアウトでダイナミックな印象に

複数の写真を前後に重ね、時の流れを表現しています。
ここでは写真の内容を正確に伝える目的ではなく、積み重ねてきた歴史の重みを感じさせる装飾として使用しています。

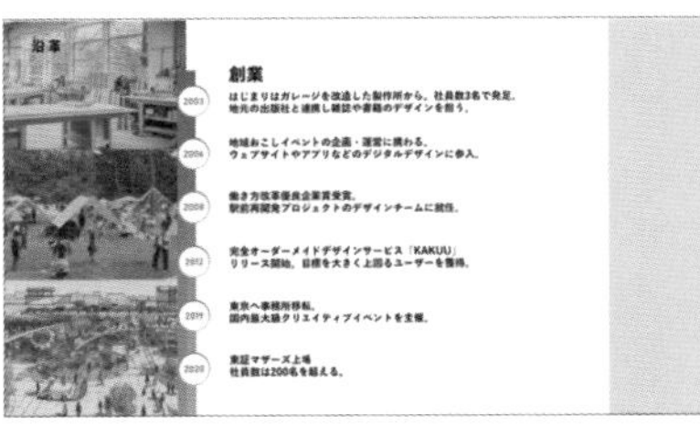

もっと落ち着いた印象に

角度をつけずに直線的にすると、整頓された印象になります。

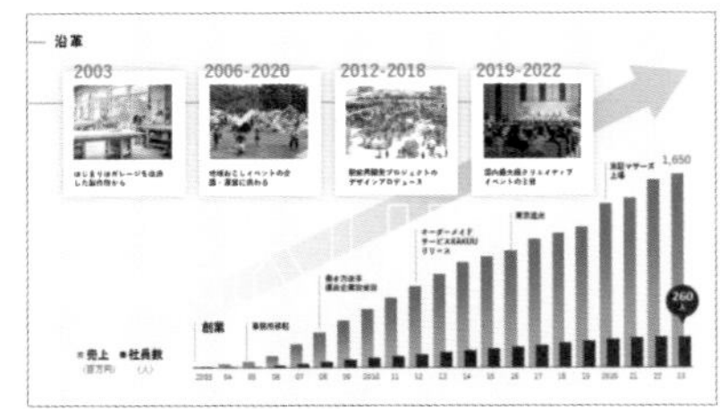

複数のデータを一枚に

売上高や従業員数の増加をグラフで表し、連動させることで成長を表します。

IDEA 先にまっすぐ整列させ、最後にずらす

円のオブジェクトは以下の手順で整列します。

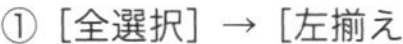

①［全選択］→［左揃え］　②［全選択］→［上下に整列］

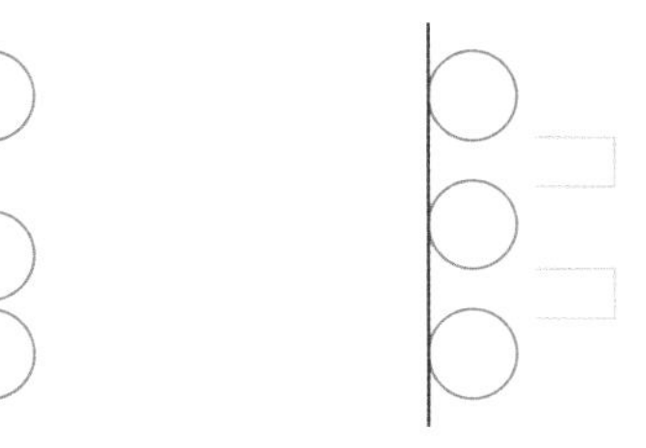

③一番下の円を
一番右に来る位置へ

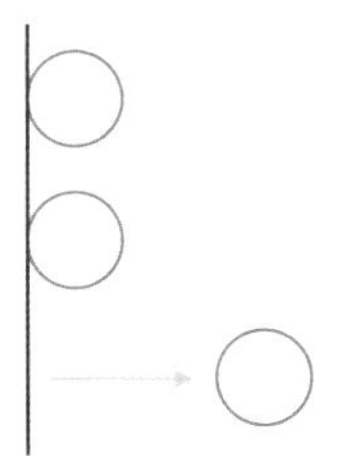

④［全選択］→［左右に整列］

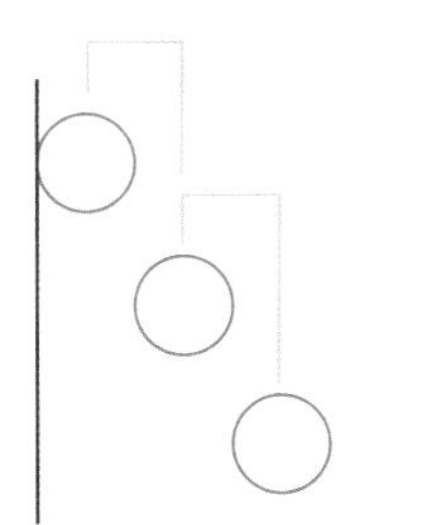

テキストボックスは横幅が異なるため、左手順の④では整列できません。同じ長さに指定した四角形に入れるか、直線または平行四辺形をガイド代わりに置き、文頭が揃うように微調整します。

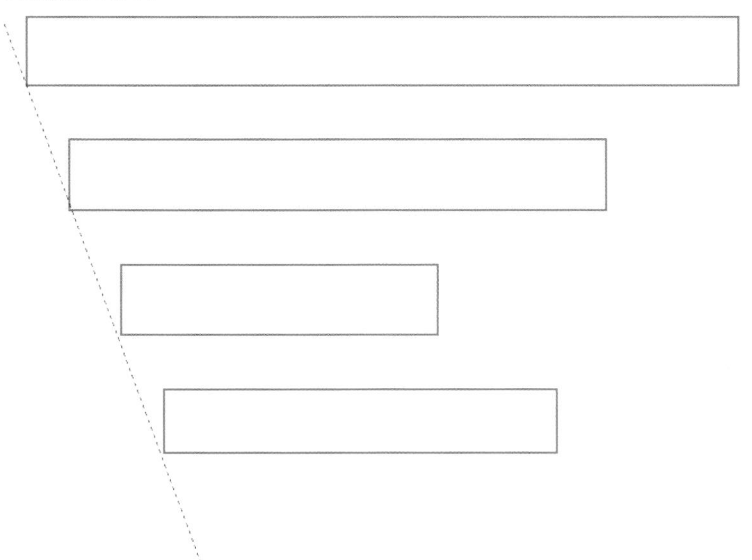

関連ページ　P.56 表層デザインの機能性

経営計画

経営計画はこれ単体であらゆる場面に引用され長く使われるため、注力し甲斐のあるスライドです。

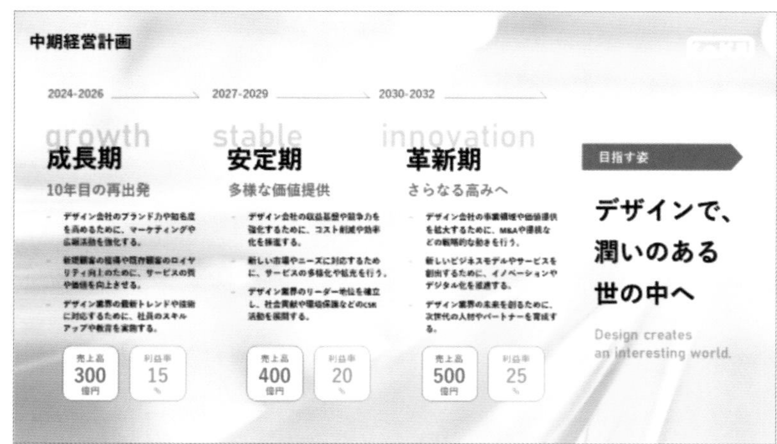

抽象的な未来のイメージを伝える

一般的に近い未来は具体的であり、KPIや取り組みを語ることができます。大きなビジョンや目指す姿、社会インパクトは視座が高く抽象的な文言になります。中長期目線でそれらを一本につなげるために、グラフィック背景を使用しています。

もっと情緒的に

左から右への流れに加え、下から上へ盛り上がるイメージも加わっています。

★［スライドマスター］→［プレースホルダーの挿入］→［図］

もっと硬派に

文字部分の背景に白い矢羽根を敷き、明らかに区切ります。

IDEA 最も読んでほしいところから順に余白を広くとる

一枚のスライドを見たとき、いきなり細かい説明から読み始める人はあまりいません。まずはストレスがかからないところから読もうとします。重要な箇所は単に文字サイズを大きくするほか、余白を広くとることで注目を集めることができます。

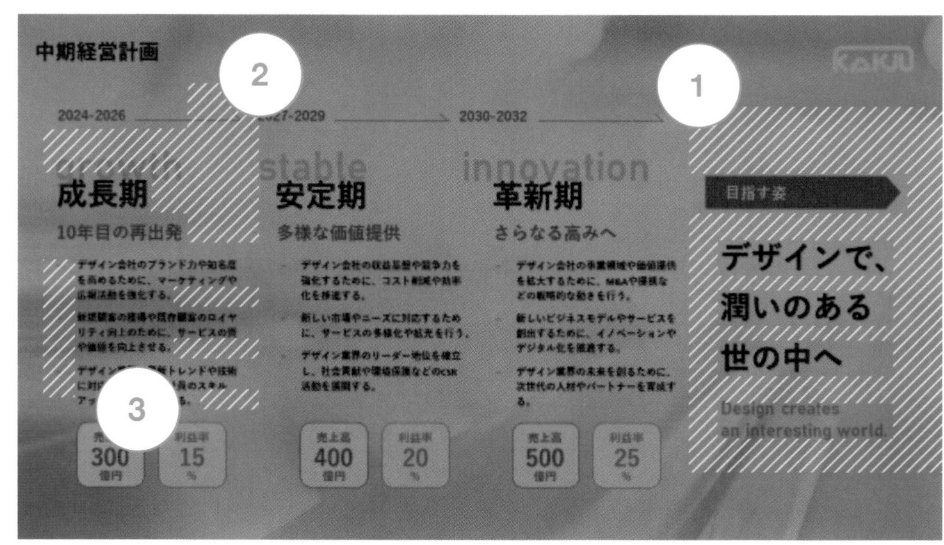

最も読んでほしいところに
注目を集める方法は
色を変えたり線で囲んだりする
だけではありません

関連ページ P.56 表層デザインの機能性

ポジショニングマップ

業界における自社の優位性を表し、競合と比較するマトリクス図です。
縦軸と横軸は、一般的には良い・高い・強いとされている方を上・右に配置します。

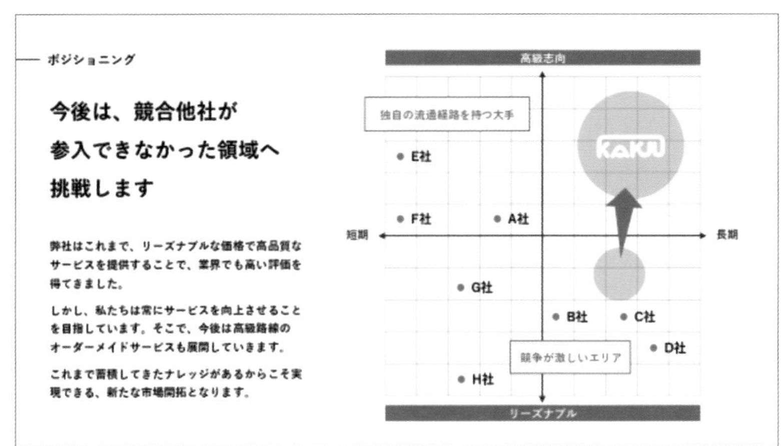

多数の要素をけんかしないように塗り分ける

ポジショニングマップには、軸・自社の現在の位置・今後目指す位置・他社の位置・ゾーンの解釈などが含まれます。情報の種類ごとに文字サイズや色や囲みの種類を変えて、一目で比較できる状態を作ります。

もっと優位性を明らかに

右上のエリアが自社にとってポジティブであることを色で示します。

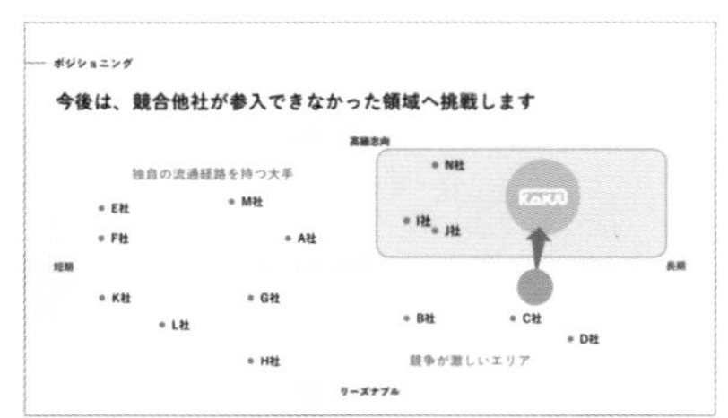

もっと比較対象が多い

スライドサイズに合わせて横長のマトリクスとしています。

IDEA 16:9 スライドに 1:1 の図版を置くときのレイアウト

ただでさえ横長のスライドを、上からタイトルやメッセージラインに使っていくと、コンテンツエリアの比率は16:5程度にまで減ってしまいます。極力左半分にテキストを集めると、図を大きく配置できます。

右ページでは10×10マスの表を挿入しました。表は、縦横の長さを素早く均等に整えることができます。
軸ラベルは混み入った印象になりがちなため、ボックスに入れて白抜きにしています。

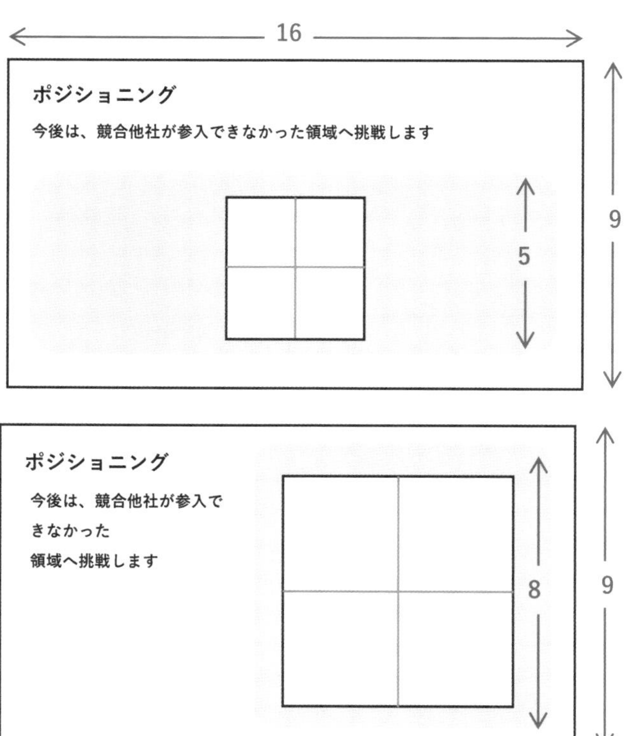

正円の図も 1:1 なのでこれに当てはまります

tips スライド内のすべてのななめオブジェクトは角度を揃える

平行四辺形は、縦や横に引き延ばすと角度が変わります。必ずShiftキーを押しながら、縦横比を保ったまま拡大縮小してください。もしずれてしまった場合は隣り合わせに辺を密着させ、ぴったり沿うように黄色いポインタで調整します。*

角度が揃っていない状態

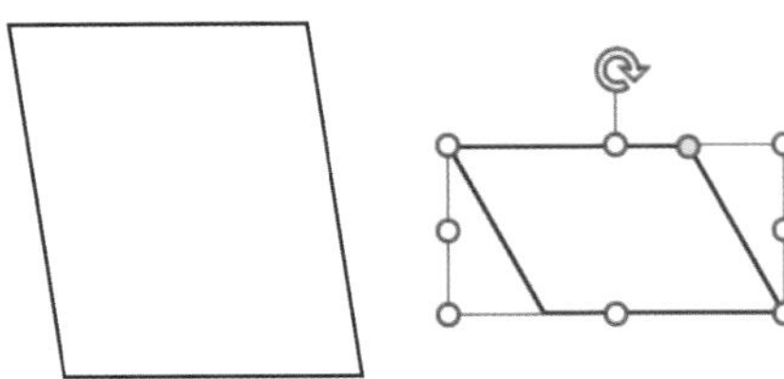

* サイズが小さすぎると表示されないことがある。
画面を拡大すると出現する。

角度が揃っている状態

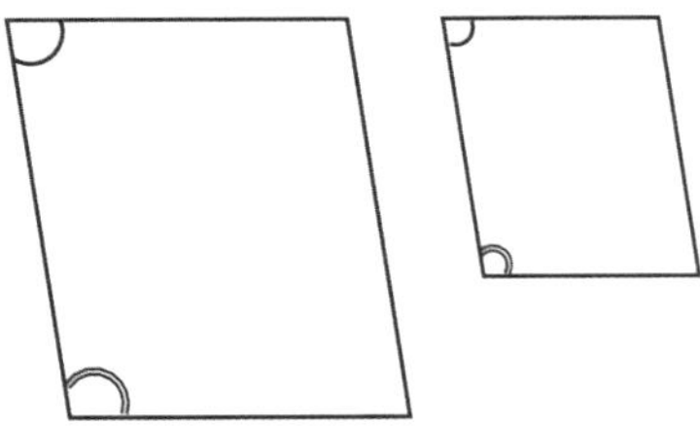

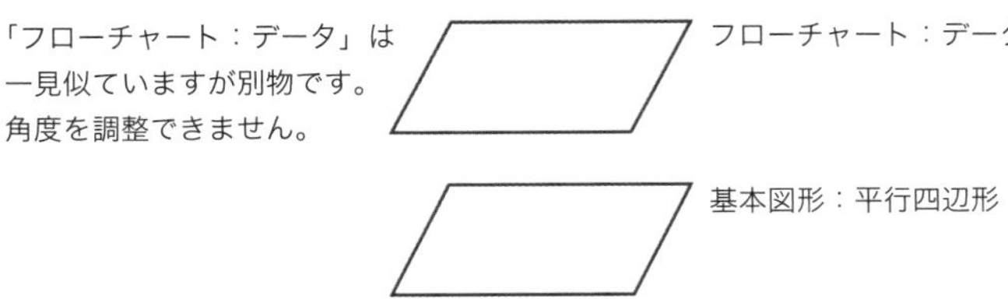
「フローチャート：データ」は
一見似ていますが別物です。
角度を調整できません。
フローチャート：データ
基本図形：平行四辺形

tips 「テクスチャとして並べる」を活用する

PowerPointで写真を任意の形にするには3つの方法があります。

1 [挿入]→[図形]→[図形に合わせてトリミング]

写真そのものをはさみで切り出すイメージです。元の写真の比率を保ったままトリミングされるので、先に「縦横比」トリミングをしてから「図形に合わせてトリミング」をします。切った後の写真は拡大縮小すると縦横比も崩れます。

2 [挿入]→[図形]→[塗りつぶし(図またはテクスチャ)]

図形の大きさに合わせて、写真をぐーっと引き伸ばして貼り付けるイメージです。写真ではなく図形の比率が優先されます。
この際、**「図をテクスチャとして並べる」にチェックを入れたものが 3 です。**これは同じ写真が繰り返し印刷された包装紙のどの部分を映すか、枠の方を動かすイメージです。
縦横比が崩れることなく、大きさも「幅・高さの調整」から指定できるため使いやすいシーンが多いです。

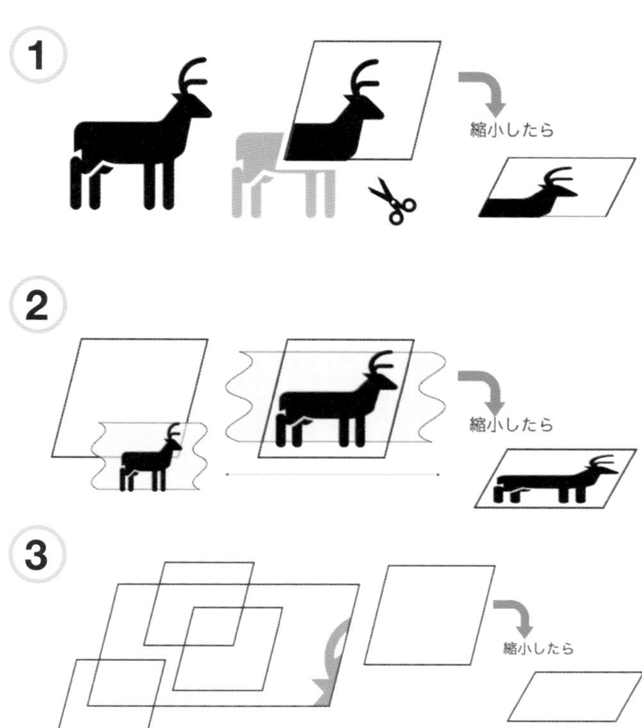

02 サービスの強みをわかりやすく

サービス説明資料とは

営業職が持ち歩いたり顧客に送付したりするための資料、またはWebサイトから顧客がDLできる資料のことを指します。会社説明資料のスライドと組み合わせて提案資料に流用されることもあります。

このサンプルのコンセプト

ターゲット：大手企業の営業部
使用シーン：Webサイトからのダウンロードを想定
目的：サービスの導入を検討してもらう
トンマナ：全体的に丸みを持たせたやわらかいデザイン。ポップなイラストを多用し簡単・手軽にカジュアルに利用できるイメージを伝える。

サービス説明資料のデザインサンプル

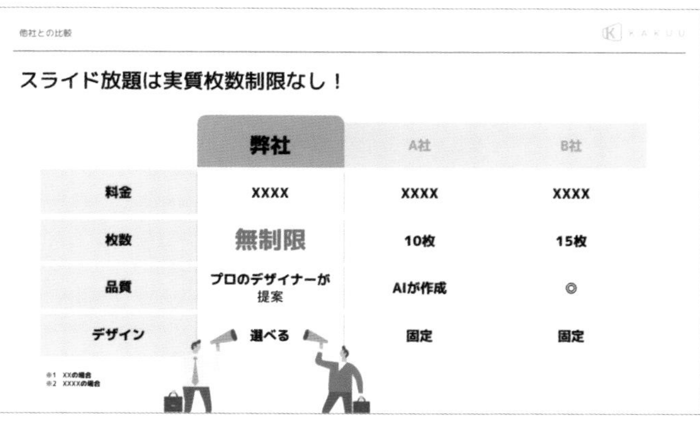

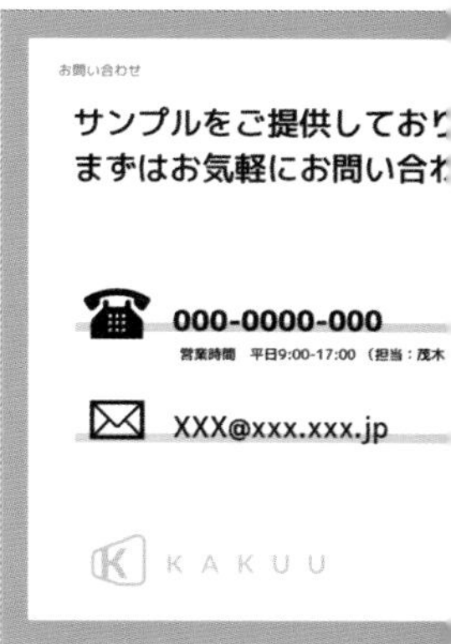

サービスの強みをわかりやすく伝えるポイント

定量・定性で数値を出すべき部分はしっかり訴求します。どのようなニーズに対して、どんな方法で課題解決できるのかといった論理展開が重要になります。他社と比較して優れている点は、それを実現できている理由を示すことも説得力を増すポイントです。サービス資料は何よりも営業担当者が語りやすい構成であることが重要です。その上で表層も一工夫すると、初回アプローチの反応が顕著に変わります。資料は最大のツールです。いかに戦略を助けるかという観点で作りましょう。

サービス説明資料のよくある構成

1. 表紙
2. サマリー
3. こんなお悩みはありませんか？
4. 弊社のサービスが解決します！
5. 機能紹介
6. 導入メリット
7. 他社にないアピールポイント
8. 比較表
9. 料金プラン
10. 導入フロー
11. お客様の声
12. よくある質問
13. CTA（Call To Action 行動喚起）

表紙

表紙も一工夫すると、初回アプローチの反応が顕著に変わります。何年も前のパワポ初期設定のテンプレートだと、あまり力を入れていない企業とみなされてしまう恐れがあります。

モックアップでアイキャッチ効果を狙う

モックアップとは、サービスの操作画面をPCやデバイスの画面にはめこむことです。実在感が伝わりにくい無形商材を説明するときには特に有効です。簡易的なモックアップなら特にデザインソフトを持っていなくても、誰でもオンラインで作成できます。

もっとスタイリッシュに

静的なレイアウトとシックな配色で、ビジネス寄りのトンマナになります。

もっと真面目に

装飾を弱め、無彩色に近い色でまとめると個性の主張が控え目になります。

IDEA 傾けるとカジュアルな態度・正面を向くとフォーマルな態度

モックアップは角度をつけないと、ただの四角形に近く「パソコンの画面である」ということが一見伝わりにくいです。少しの角度をつけ傾けることでデバイスの存在感が増します。一方でスライドに対し斜線が生まれ、見る者に対し誘いかけるようなカジュアルな印象を与えます。
真正面から対峙したPCはスライドの上辺・下辺と平行になるため、きちんと落ち着いた印象を与えます。

はじめまして、○○と申します。
お待ちしておりました。

関連ページ　P.59 コンセプトに合わせた表層デザイン

サービス概要

サービス概要はつかみのスライドです。かっこいいビジュアルを使ってぐっと引き込むことができれば後のスライドが簡素でも説明を進めやすくなります。相手にとっての嬉しいポイントをまとめましょう。

ずばり一言でサービスの特徴を言い切る

プレゼンの時間が1分しかないときにこのスライドさえ見せれば要点がまとまっている状態が理想です。とはいえ文字ですべてを説明するのではなく、使用イメージを添えて興味を引きます。

もっと端的に

メリットをアイコンに置き換えます。

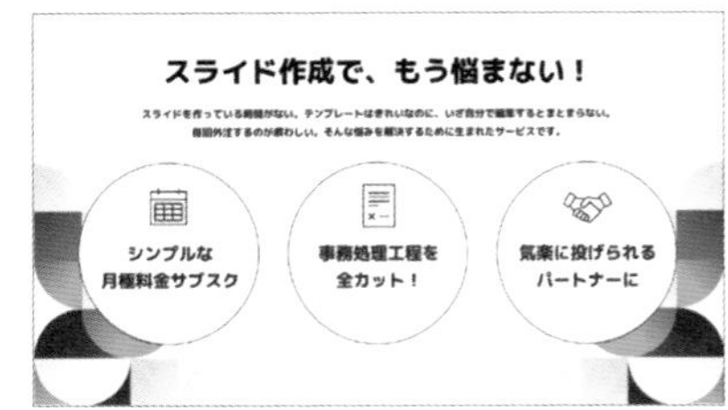

もっと明るく

背景色を反転させず、あしらいを取り入れることで他のスライドとの違いを作ります。

IDEA キースライドはジャンプ率を極端につける

最も訴求したいフレーズは本文テキストの４倍ほど大胆に大きくします。テキストの大きさは、もしすべてが同じだと情報の種類の違いが直感的に伝わりません。

ただしすべてのスライドで
ここまでのメリハリをつける必要はありません

ジャンプ率がない

スライド作成で、もう悩まない！
スライドを作っている時間がない。
テンプレートはきれいなのに、いざ自分で編集するとまとまらない。
毎回外注するのが煩わしい。
そんな悩みを解決するために生まれたサービスです。
シンプルな月極料金サブスク
煩わしい事務処理工程を全カット！
関係構築で気楽に投げられるパートナーに
KAKUU

すべてのテキストが 40pt のスライド

ジャンプ率が少しつけてある

スライド作成で、もう悩まない！
スライドを作っている時間がない。
テンプレートはきれいなのに、いざ自分で編集するとまとまらない。
毎回外注するのが煩わしい。
そんな悩みを解決するために生まれたサービスです。
シンプルな月極料金サブスク
煩わしい事務処理工程を全カット！
関係構築で気楽に投げられるパートナーに
KAKUU

タイトルが 48pt。リード文が 28pt、メリットが 40pt のスライド。
情報の種類の違いが直観的にわかりやすい

関連ページ　P.73 ジャンプ率

課題

課題は論点別にグルーピングします。その課題が発生する時系列を意識して紙に書き出すなどして、親子関係を明確にしましょう。すべての論点を並列に列挙すると解決策につなげにくくなります。

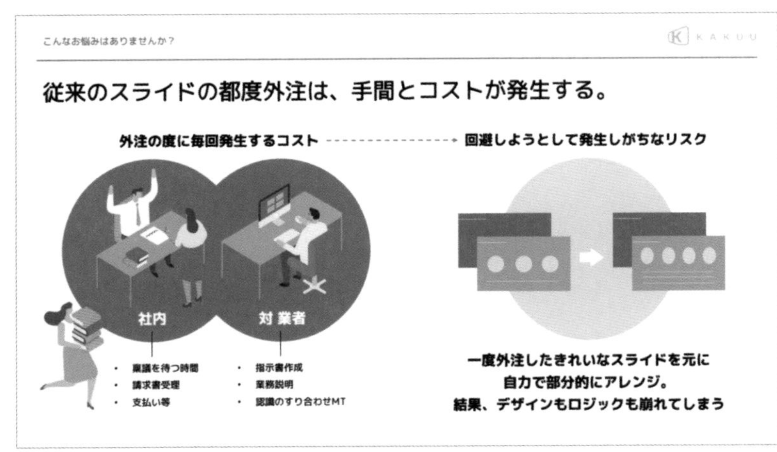

イラストで主語を明確にする

イラストの強みは主語が明確になり登場人物が一目でわかることです。
誰にとってどのような問題が発生しているのかを整理し、以降のスライドで同じ人物が登場するときは一貫して同じイラストを使います。

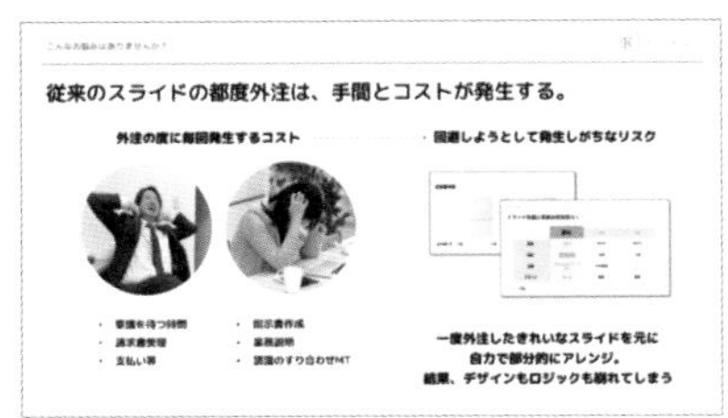

もっとリアルに

写真で表現すると逆にコミカルにうつることもあります。

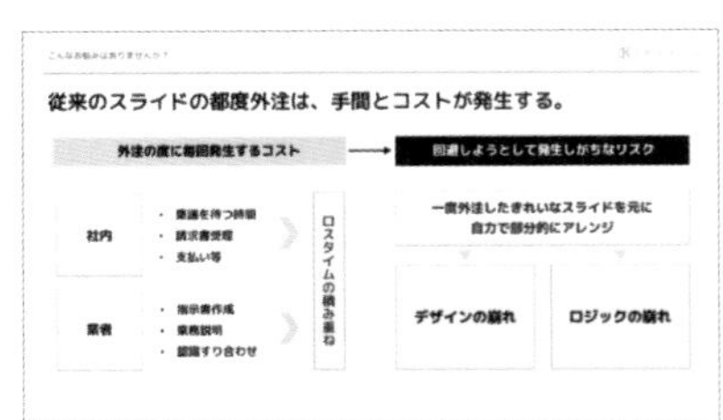

もっとシビアに

商材によってはポップさを抑え、シビアに伝えた方が良いこともあるでしょう。

IDEA イラストははみ出させることで複雑な隙間を生まない

複雑な形状のイラストを、背景に敷く円の中に完全に収めると、円の中に窮屈な隙間と余裕がある隙間が生まれ、情報過多な状態が発生します。窮屈さを回避しようとすると、イラストを縮小しすぎることになります。
少しはみ出させると前後感が生まれるほか、ポジティブな印象を与えます。

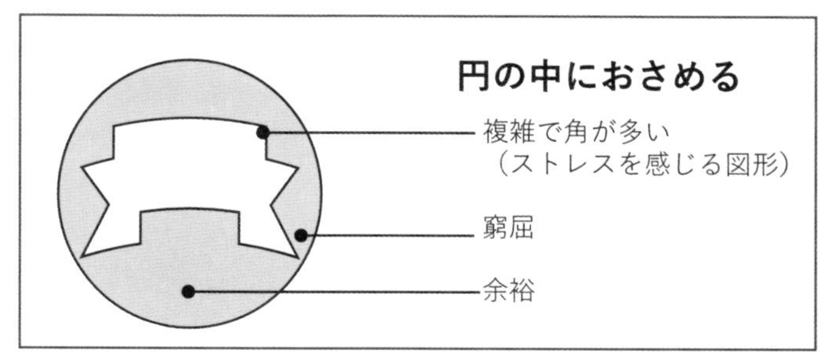

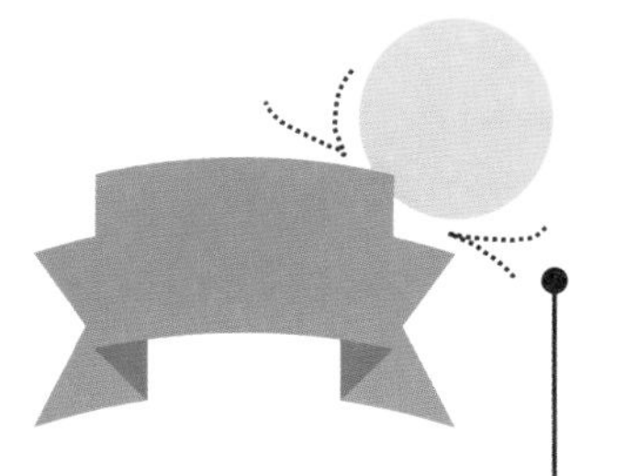

数%の重なりは鋭角を生む
ミスに見える

重ねるなら
10 ～ 40%は重ねる

重ねてはみ出させる
・ 前後感が明確
・ 鋭角が少ない
・ ポジティブな印象

導入メリット

2カラムで、現状と導入によって得られる状態を比較しています。
現状・従来・ネガティブな状態はグレースケールで、改善後・ポジティブな状態はメインカラーで着色します。

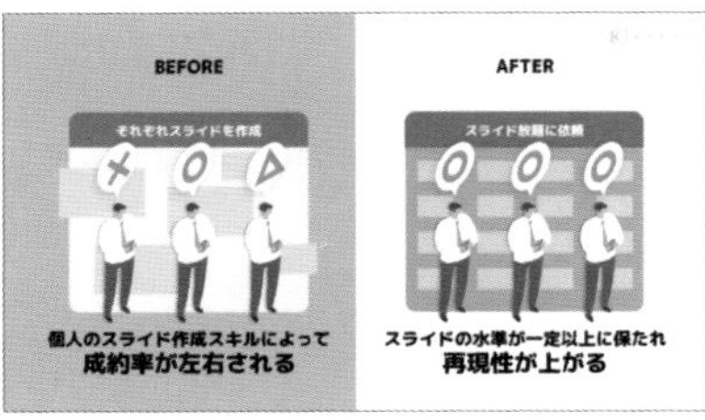

もっと説明を多く

行長を長くとりたいときは縦に並べて比較します。

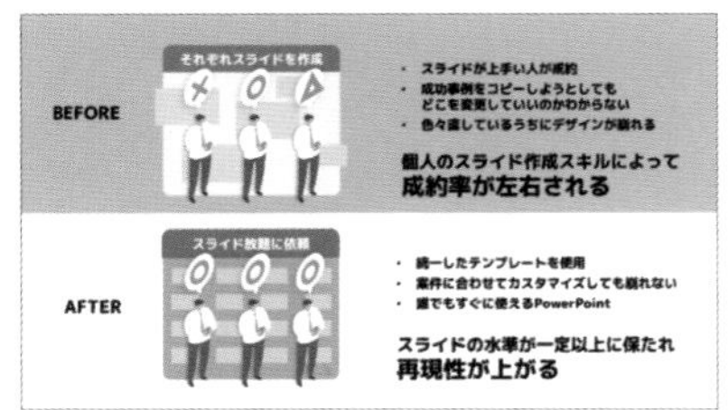

もっと明瞭に

複数ページにわたってこの形が続くときにおすすめです。

わかりやすさのためにイラストを使う

かわいい印象にするためにイラストを使うのではなく、説明を裏付けるのに必要だからイラストを使用しています。イラストを使用しても、言いたいことはしっかり文字でも書き添えましょう。カラーリングにも意味を持たせます。

IDEA すべてのスライドを通して、色のルールは一貫させる

資料全体を通して、ルールに従う（＝平仄を揃える）ことが重要です。例えば、「前期」をグレーにすると決めたのに、別のスライドでは「前年同期比」がグレーになっていると、混乱を招きます。

相手は書いてある説明のすべてを読んではくれないことがあります。だからこそ、直感的なわかりやすさが理解を助けます。

否定色

自社以外
ネガティブな状態
過去
目立たせたくない場所

肯定色

自社
ポジティブな状態
現在・未来
目立たせたい場所

背景色とかぶって輪郭が見えないときは
意識しない程度の影をつける

**なんでもかんでも大きな字で
説明するわけにはいかないから、色の力に頼ろう！**

関連ページ **P.56 表層デザインの機能性**

導入事例

ユーザーボイス、ユースケースとも言います。細かくヒアリングができている場合や図版（写真やクリエイティブ）を見せられる場合は1スライドにつき1社、簡易的なコメントのみの場合は1スライドに数社をまとめます。

エリアを区切って経緯と結果を説明する

導入前にはどんな課題があり、導入によってどのような変化が起こったかをまとめます。利用者のコメントは、基本的にはクライアントの名前を出すなら語尾を揃える程度で原文に近い状態で掲載します。

もっと簡潔に

実績は割愛し、利用者のインタビューのみ載せるパターンです。

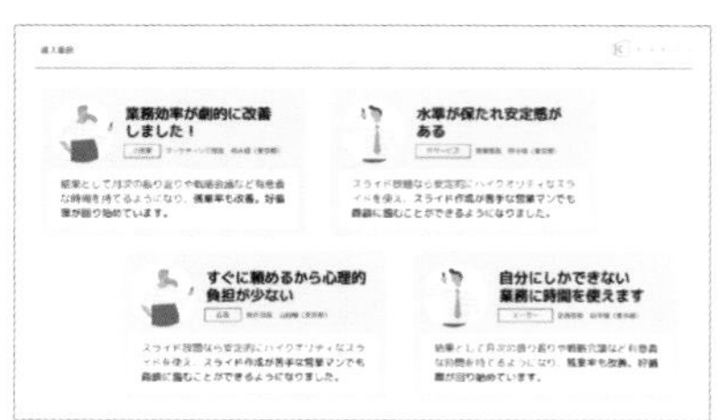

もっと数を多く

ポイント別にキャッチーな一言、二言を抜粋して列挙します。

IDEA 文字サイズに明確な３段階の差をつける

階層が大きい順に、文字サイズを大きくすることで、どこから見れば良いかが一目でわかりやすくなります。ここではキャッチコピー28pt、本文14pt、話者の属性は9ptです。
コメントを要約せずにそのまま掲載する場合、それなりの長さになるため、行間と段落間隔の違いをはっきりとつけて読みやすくします。
ここでは行間1.18行、段落後を8ptにしています。

よくあるNG例

すべての文字の大きさが近く、文字が多く見える。

キャッチコピー 20pt
本文 16pt
話者の属性 14pt
段落間隔0pt、行間1.3pt

関連ページ　P.73 ジャンプ率

他社との比較

他社より優位に立てる項目を目立たせる一方で、自社が劣る条件もしっかりと記載することが他社・クライアントへの誠意です。同一条件下で比較し、プラン設計が異なりすぎる場合は優良誤認にならないよう注意します。

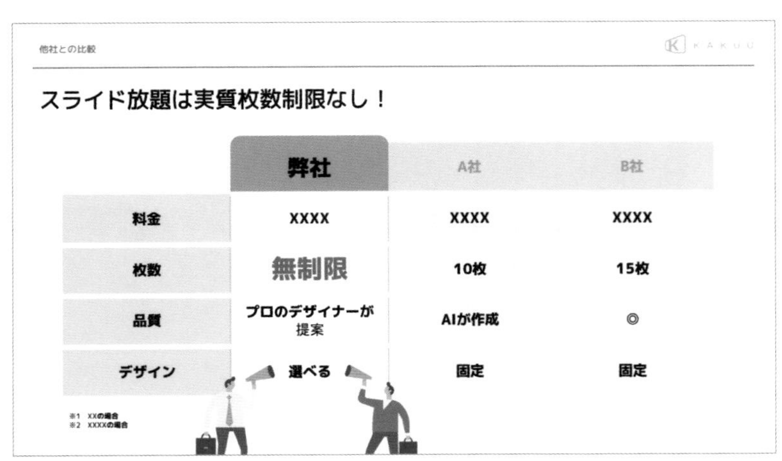

自社が誇れる点をピックアップして比較する

検討段階にあるクライアントにとって比較は大きな判断材料になります。比較に使うのは「表」です。中でも特に自社サービスが優れている項目を強調しましょう。

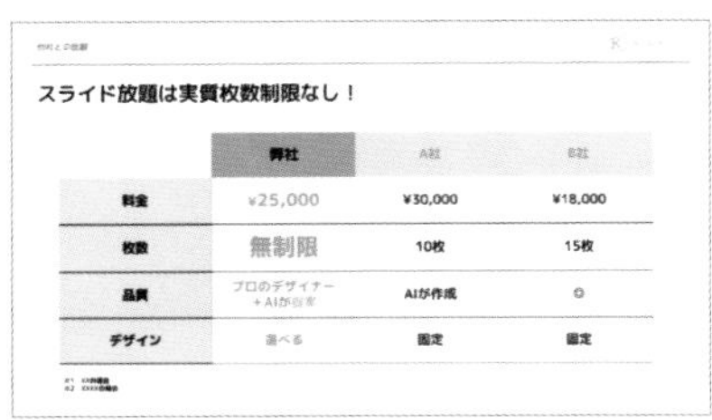

もっとシンプルに

横の罫線だけで比較を促します。

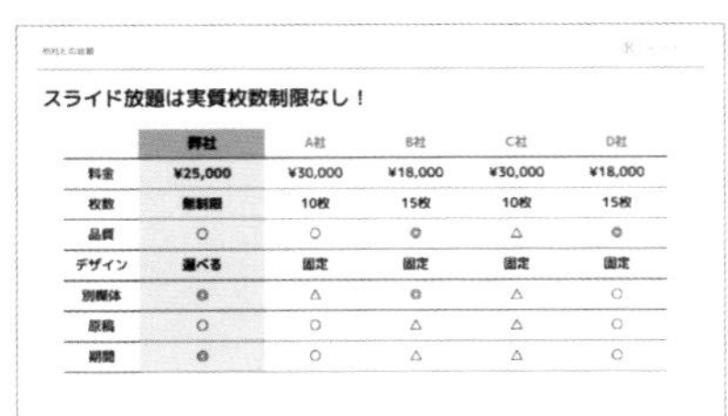

もっと項目を多く

記号だけで一覧化する場合は別途、口頭や注釈で定義の説明が必要です。

IDEA 最も明るい色は白！明度差で自然と視線を集める

他社のプランは変更される可能性があり編集が発生しやすいため、表で作成しました。

目立たせたいところに色を塗る・色字にすると、必ずしも目立つわけではありません。

背景とのコントラストが低くなると、逆に埋もれてしまいます。
目立たせたい方に白背景を使いましょう。

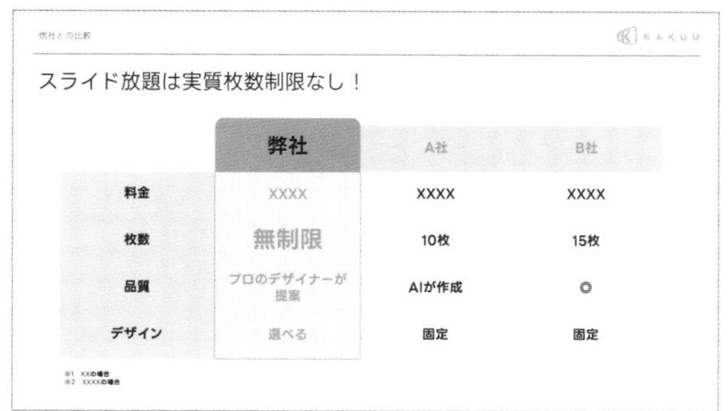

目立たせたい部分が色字のため、埋もれてしまっている例。

注釈の「*」は、[Ctrl] + [Shift] + [+ (プラスキー)] で上付き文字にします

罫線の太さを6ptに、線の色を背景と同じにすると表をバラバラのオブジェクトで作ったように見せることができます。

セルの高さが低く多くの情報が密集しているときは、罫線の太さは1/2、色はグレー、点線にして弱めると目立ちません。

関連ページ P.64 明度によって使い道が異なる

よくある質問

LINEやチャットのやり取り風のポップなデザインです。

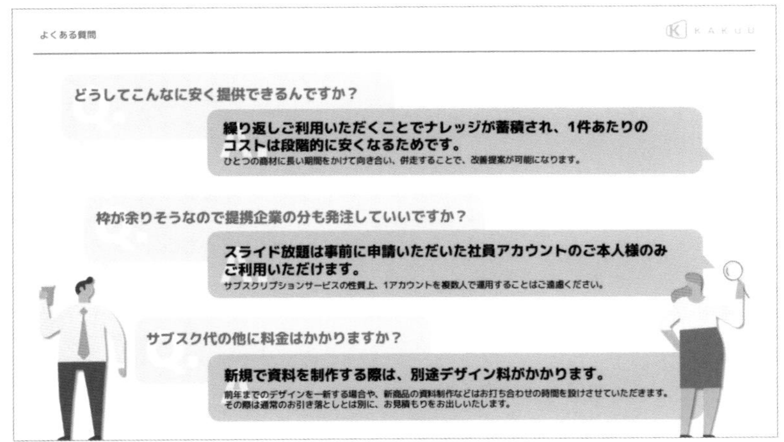

デメリットや注意も記載し、後のトラブルを防ぐ

これまでのスライドで特に登場しなかったものの伝えておいた方が良いことをまとめます。例えば、禁止されていることや提供できないこと、別途料金が発生することなどです。

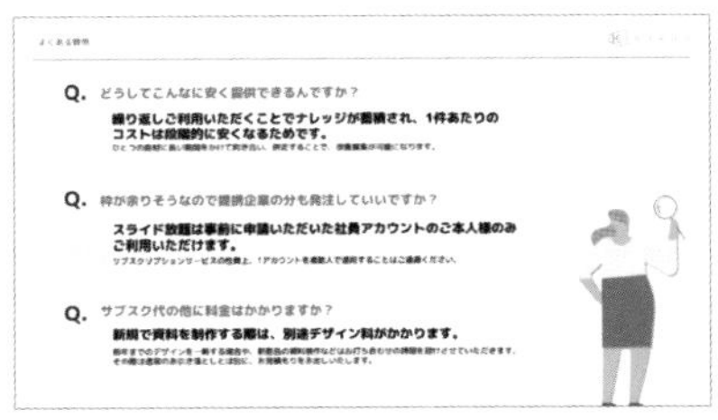

もっと落ち着いて

動きを抑え、一列に整列させます。文字色でＱとＡを分けています。

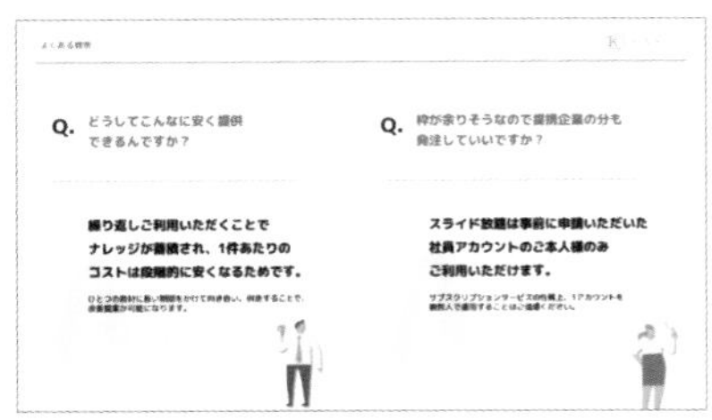

もっと数を少なく

１スライドに多くのトピックを載せすぎて理解を妨げないようにしましょう。

IDEA グループ化してから中央揃えでマージン統一

ボックスの余白を均等にするために、テキストをひとかたまりにしてからセンター揃えにします。仮置きの場合はオブジェクト選択時に四隅と中央に現れる○を目安に、目分量で揃えることもできます。
※マージン…余白のこと

オブジェクト選択時に現れる8つの小さな丸で中央の位置が大体わかります

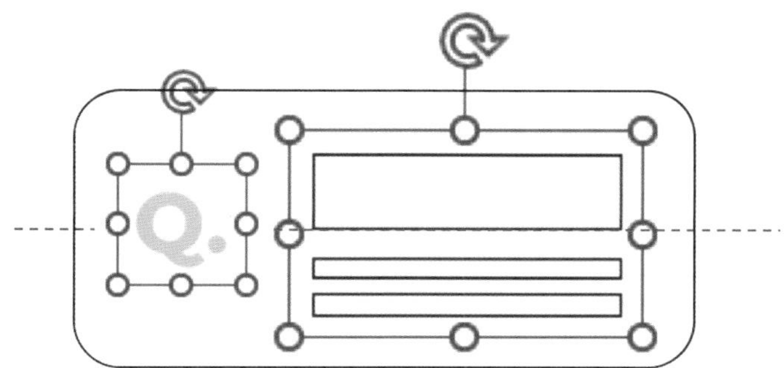

高さが異なる複数のオブジェクトをまとめて縦の中央を取る

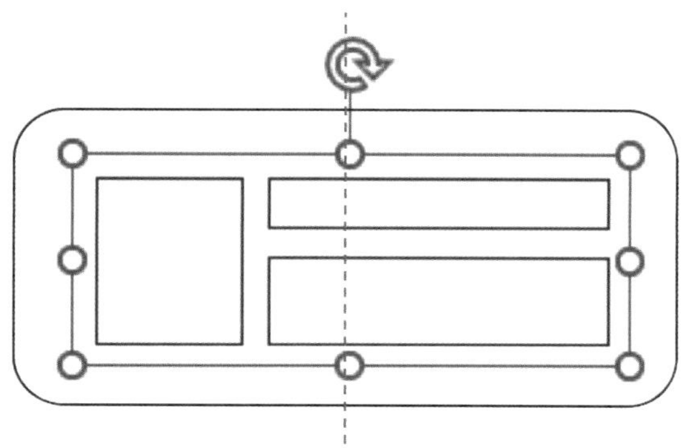

長さが異なる複数のオブジェクトをまとめて横の中央を取る

CTA（行動喚起）

Call To Actionの略です。具体的な行動を喚起する、インフォメーションをまとめたスライドです。この資料を受け取った後に何をしてほしいのかを明確に伝えましょう。

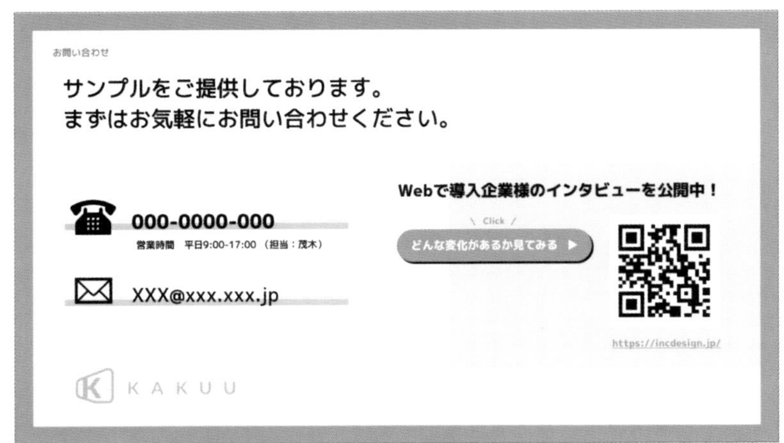

次の商談へつなげるため行動を喚起する

紙で配布することがなければ二次元バーコードは不要です。
しかし二次元バーコードがあることでCTA（Call to Action）だと伝わるアイキャッチ効果もあります。リンクを貼っても、URLアドレスを文字で併記することも必要です。

会社情報スライドとまとめて

冒頭で会社情報スライドが不要ならここにまとめることもできます。

もっとフォーマルに

キャッチーなコピーをなくすと営業資料から会社説明資料寄りの印象になります。

IDEA “押せそうボタン”でWeb利用者に親切に

資料をWeb環境で見る人も多いため、リンクで遷移できるようにしておくのがおすすめです。
Webのような思わずクリックしたくなる「押せそうなボタン」を設置する企業が増えており、このオブジェクトをPowerPointのファイルまたはPDFでクリックすると、指定URLに遷移します。
電話番号は、このスライドを手元に置いて電話をかけていただくこともあるので、はっきりと大きく記載しましょう。

すぐにサイトを見に行けるので、
検索する手間が省けます

リンクが青文字になってしまうのが嫌！

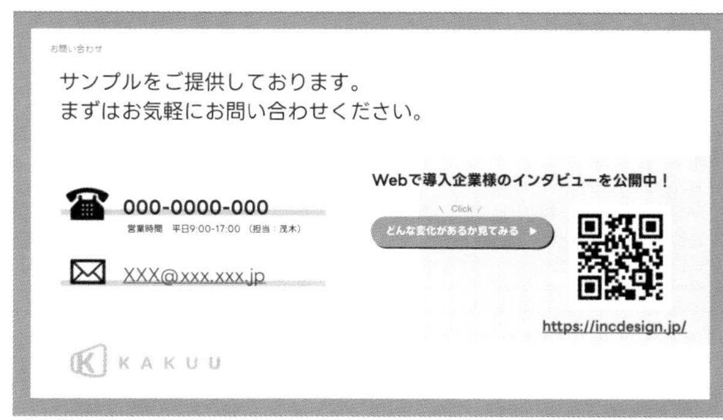

スライドマスターで「ハイパーリンク」の色はあらかじめ指定できます。または、リンクを挿入後に文字列を選択し、通常の手順で文字色を変更することもできます。

tips　スライドを広々と見せたければ思い切って要素を小さくする

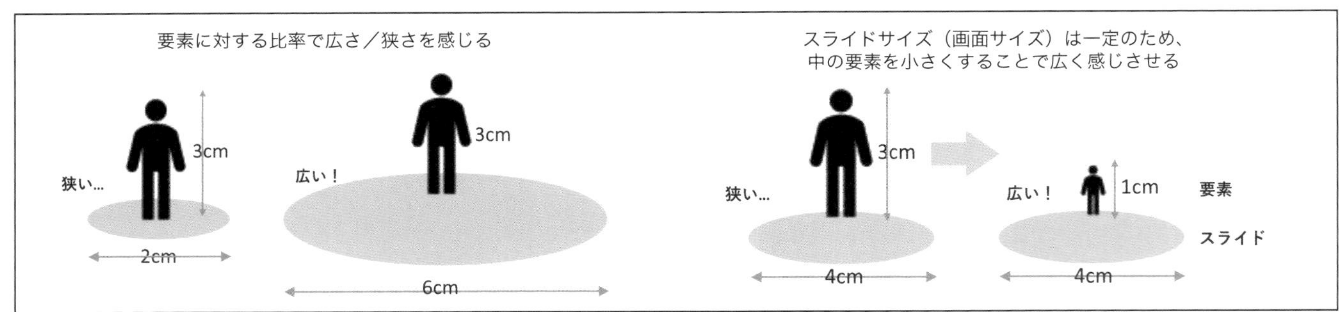

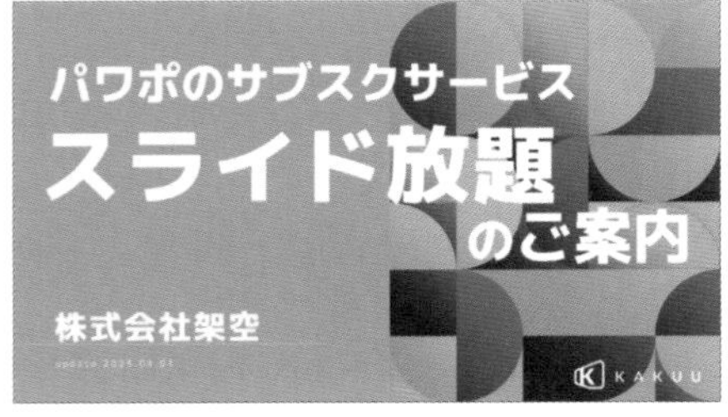

なんで私のスライドは
窮屈そうに見えるんだろう？
いつも入り切らないし、ダサい。

単にすべての要素を小さくすれば、
結果的に広々として見えて余裕を感じる！

tips　最も見てほしいところにのみ反転色を使う

- 多くのスライドでは白地・薄色地の背景に、黒や青の文字を使うことが一般的です。その中で、青地に白文字（明暗反転）のオブジェクトはコントラストが非常に強く目立ちます。
- よく矢羽根を塗りつぶし、白字で年号を書くケースが見られます。そこまで目を引く必要があるのか考えてみてください。ここではフリーフォームを使って主張が強すぎない矢印を書いています。

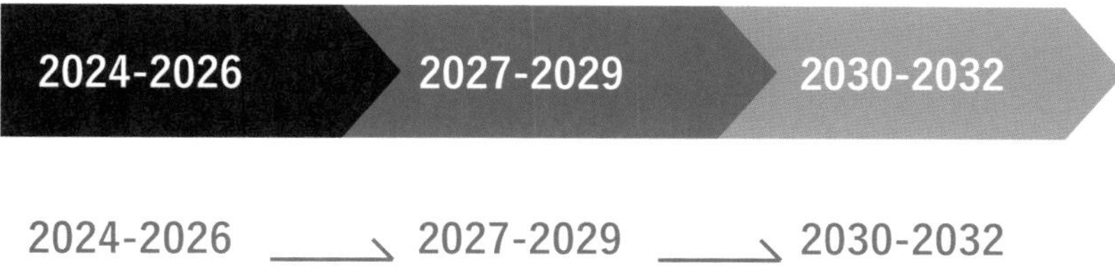

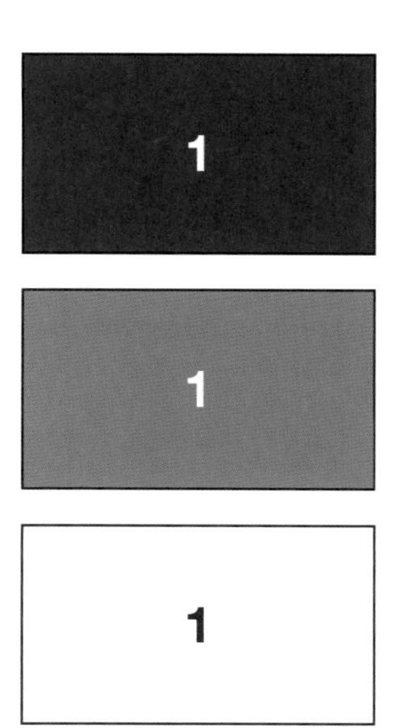

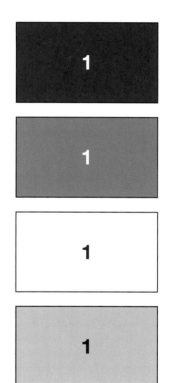

フリーフォーム：図形
Shift を押しながらカーソルを引っ張ると、
まっすぐな線とななめ 45 度の線を連続して引ける。

03 データをわかりやすく

IR資料とは

決算説明資料や投資家向け説明資料、統合報告書、中期経営計画などの総称で、企業WebサイトのIRライブラリなどに公開されます。ここでは主に決算説明資料を題材としています。

このサンプルのコンセプト

ターゲット：株主・個人投資家
使用シーン：オンラインでの決算説明会、Webサイトでの配布
目的：業績を正しく伝え、投資してもらう
トンマナ：事業内容に合った画像素材を使用。高いコントラスト、強いカラーリングで今後の目覚ましい発展のイメージを持たせる。

IR資料のデザインサンプル

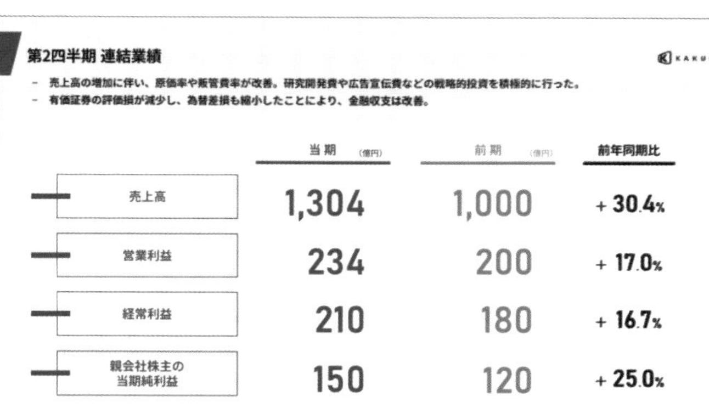

データをわかりやすく伝えるポイント

数ある数値元データの中から、メッセージに沿ったグラフを選択し、可視化することが第一です。

重要箇所を色やコントラストで強調することはもちろん、文字が煩雑になりがちなため取捨選択を行い、どこをどんな理由で強調すれば良いのか判断していくことが必要になります。

決算説明資料のよくある構成

1. 表紙
2. 通期ハイライト
3. 市場概況
4. 損益計算書
5. 事業別売上・利益推移
6. EBITDA（企業価値評価の指標）
7. 貸借対照表
8. キャッシュフロー
9. セグメント構成比
10. 次期業績予測
11. 中期経営計画
12. KPI
13. 株主還元（配当金・配当性向）
14. 次期業績予想
15. 本資料の取り扱いについて

表紙

IR資料はステークホルダーからの印象を左右する会社の顔としての役割もあります。数字の正確さはもちろんのこと、会社が打ち出したい世界観も訴求していけるとより理想的だと考えます。

PowerPoint で作れる図形と素材だけで動きをつける

背景を薄いグレーに、文字のエリアのみ白抜きにしています。普通の長方形でも問題ありませんが、平行四辺形で少し傾きをつけることで簡単に鋭い角とリズムが生まれます。

ハーフトーン

遠目で見るとグラデーションのようですが様々な大きさのドットの集合です。

テクスチャなし

のっぺりとした印象でコントラストが強まります。図形の傾きをなくすと躍動感を抑えられます。

IDEA シンプルさを保ったまま質感で差別化する

ノイズのあるテクスチャを重ねることで、ざっくりとした質感を表現できます。

テクスチャは素材サイトで「textures」などと検索するとヒットします。

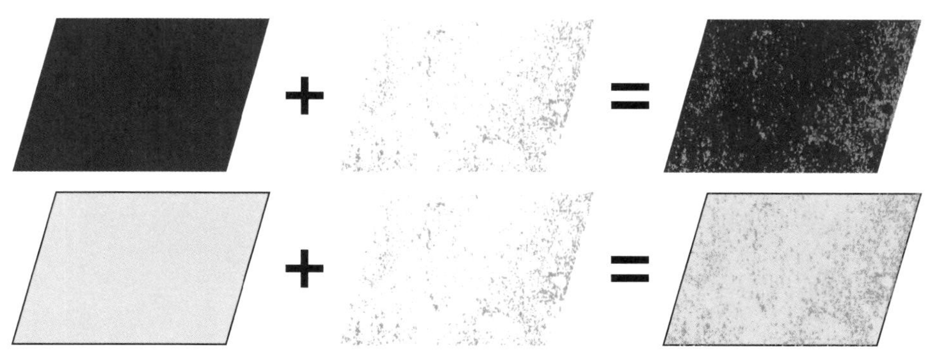

ハーフトーンというテクスチャを重ねています。

+
=
+
=

サマリー

IR資料は数十ページを超える大型になることも少なくありません。全体を通して読み解くのに時間もかかるため、冒頭にサマリーとしてポイントをまとめると、読み手の負担を減らすことができます。

1枚に要約と世界観を凝縮する

大きめの英語テキストはあしらいとして使用したいため、本文に近い側は目立ちすぎないように背景に溶け込む色にしています。表紙のパターン違いの素材を使用しテキストに重ねます。

もっとパワフルに

上昇するイメージを背景の柄で直観的に伝えます。

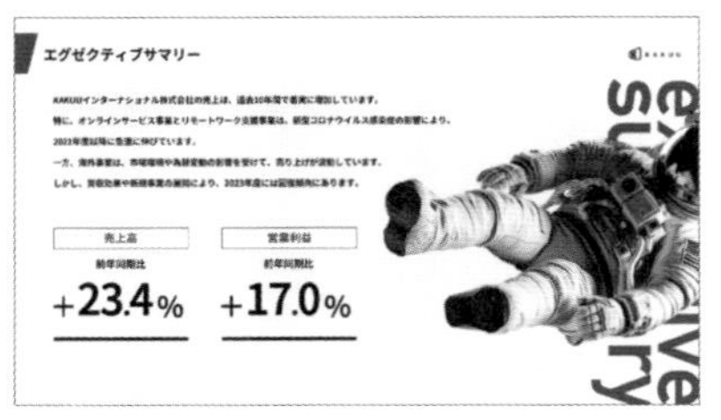

もっと明るく

白背景でテクスチャも使わないパターンです。

IDEA 緩やかなグラデーションで原色をなじませる

彩度の高いブルーを、黒とグラデーションにしています。
原色は使いすぎると奇抜な印象になりますが、黒となじませることで見やすさとビビッドな印象を両立します。
一端に、もう一端の色でテキストを置くとほとんど目立たせずに自然になじませることができます。重要度の低い装飾的なテキストに使うことをおすすめします。

原色は使わない方がいい？

彩度が高すぎる色は、大きな面積で2色以上使用すると目がチカチカすると言われ、忌避される傾向にあります。
しかし、色そのものが悪いのではなく、ポイントに絞って使用すれば効果的にスライドを引き締めることができます。
原色を使うときは白ベースで、他の色は極力グレースケールでまとめます。

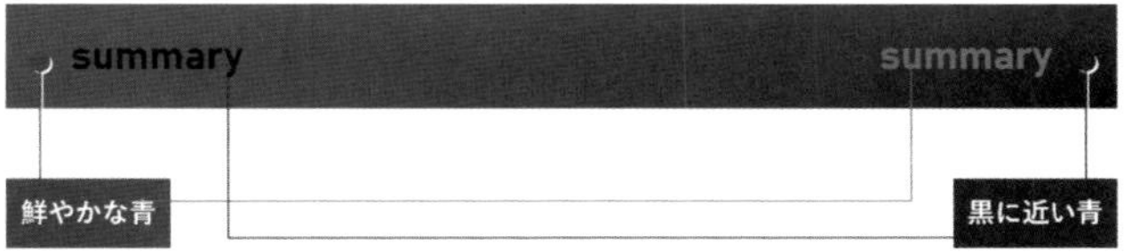

summary
summary
鮮やかな青
黒に近い青

よくあるNG例

複数の色相をまたぐグラデーションはカジュアルになりやすい

関連ページ P.64 明度によって使い道が異なる

市場規模

円や四角形で市場規模の成長可能性を視覚化します。大きさはデフォルメされることが多いですが、厳格さが求められる場面では面積比を算出しましょう。

量の変化を円の大きさで表す

３つの円の色を変えるケースもありますが、これらが「異なる時点での同じものを表している」と伝えるためには極力書式を揃えることをおすすめします。大きさ以外を統一することで、量の変化だけに注目することができます。

もっとにぎやかに

右肩上がりであることをイメージにも盛り込みます。

もっと明るく

現実的で遊びを抑えたパターンです。

IDEA 出典はリンクにしておくと便利

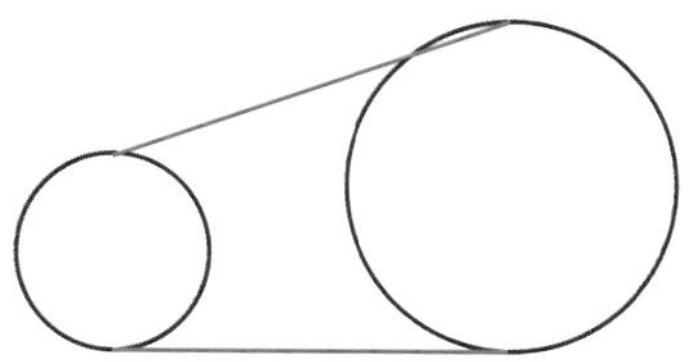

小さな円の頂点から大きな円の頂点に線をコネクトすると、線が円の内側に入り込んでしまいます。

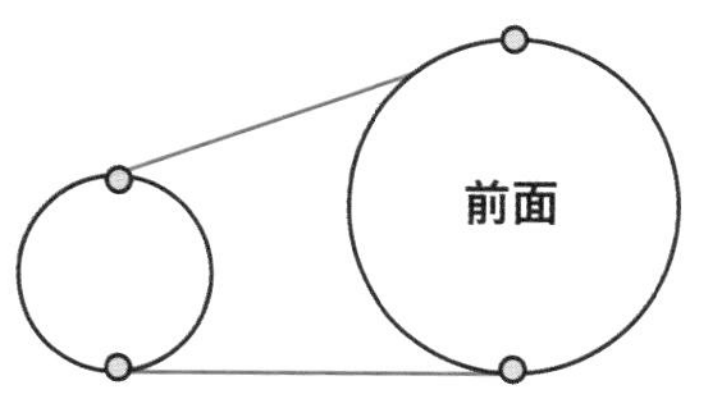

更新しやすさを重視する場合は頂点でコネクトしておき、線を背面にするのがおすすめです。

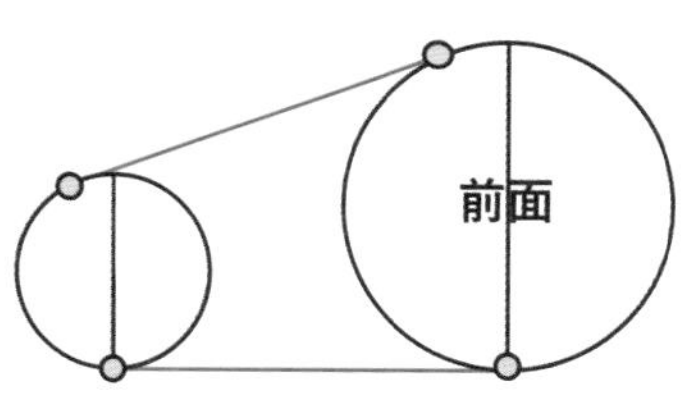

美しさを重視する場合は、コネクトを解除して頂点より少し手前に着地します。

データを引用した場合は必ずスライド下部に出典を記載します。文字色は目立ちすぎないグレーなどを使い、文字サイズは最低限読み取れる大きさにします。
[挿入] → [リンク] → [リンク] の挿入でWebページのURLを貼り付けると、後からでも参照しやすくなります。ただし、Web上のページは時間が経つと消えてしまうこともあるため、情報発信に責任を持つためにも自分用にローカルでデータの控えをとっておくことをおすすめします。

去年の資料のソースを確認しようとしたら…
「この記事の掲載は終了しました」？！

売上高・利益-表

シンプルな表ベースのスライドです。まずは表機能を使っておおまかな位置を決め、不要であれば罫線をすべて削除すると後から行挿入や削除、幅の調整が簡単に行えます。

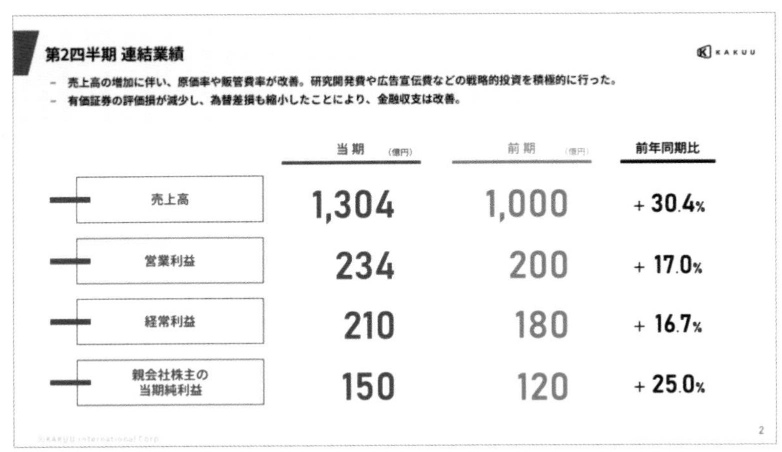

罫線を使わずに縦横のラインを意識させる

数字は左揃えや中央揃えにしてしまうと桁数がわかりにくく読み間違えるリスクがあるため、必ず右揃えにしましょう。表頭（当期～）および表側（売上高～）を中央揃えにするときは、囲みまたは下線で仮想の幅を示すと見やすくなります。

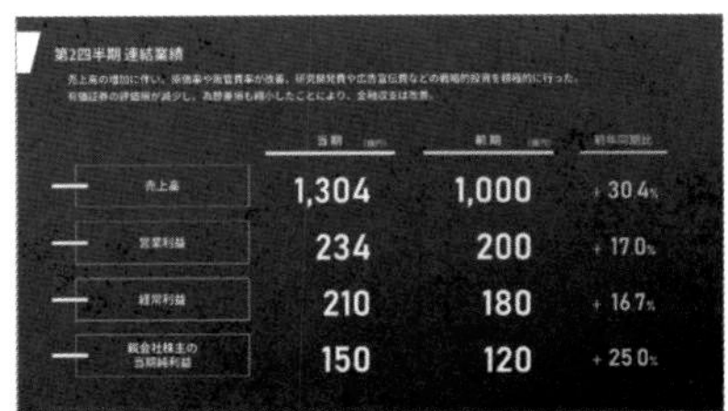

もっとクールに

暗い背景においても、グレーは白より存在感を弱めることができます。

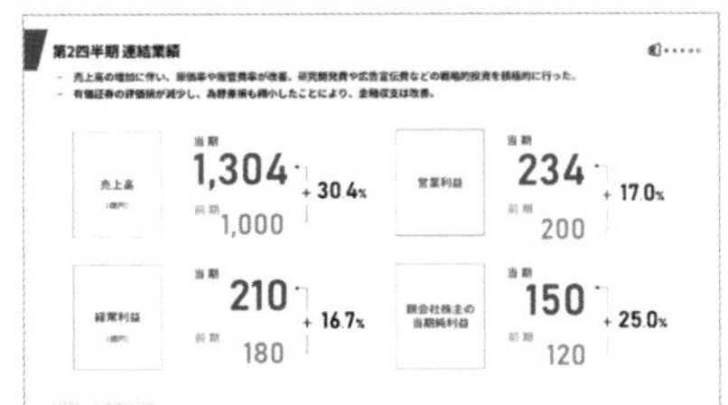

もっとメリハリをつけて

要素が少ないときは、横並びの表よりも 4 分割レイアウトの方が関係する数字を近くに配置できます。

IDEA テキストボックスの余白をゼロにする

キッチリと見えないラインで揃えるために、テキストボックスの余白を「0cm」に設定してください。
各テキストボックスを左整列することで、見えないラインに揃えることができます。

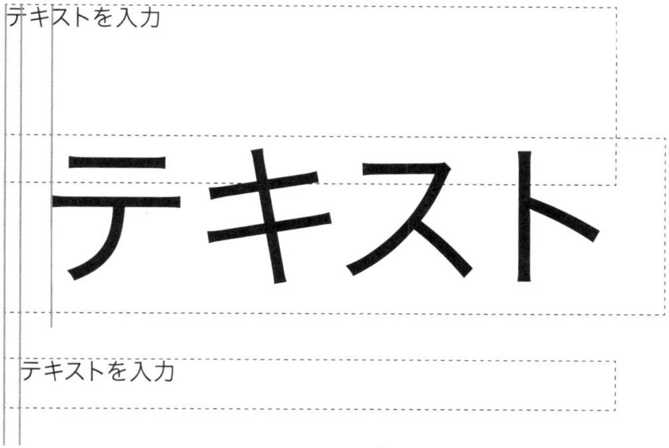

テキストを入力

テキスト

テキストを入力

表頭は、文字数が異なるテキストだけでは引き締まらない

当期 **前期** **前年同期比**

同じ長さの下線で見やすくなる

当期 **前期** **前年同期比**

売上高-棒グラフ

特に数字が伸びた年や、逆に下がった年があれば、考えられる要因・考察をコメントしておくと意義のあるグラフになります。グラフに直接データラベルを表示しない場合は、必ず軸と単位を表示しましょう。

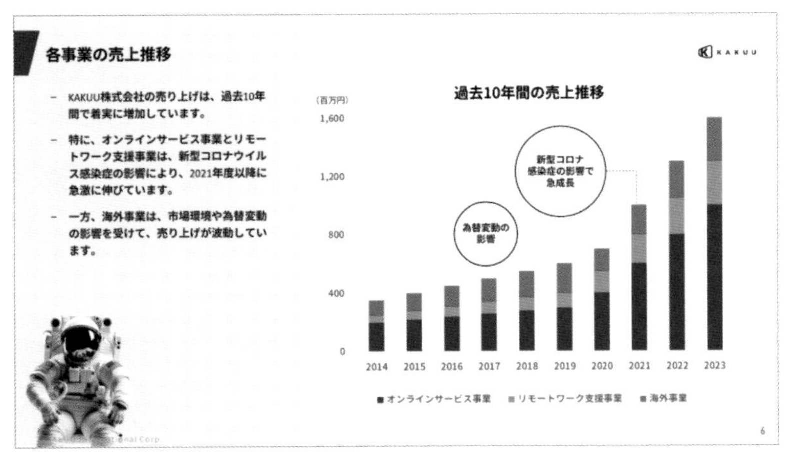

傾向を顕著にする

グラフは視覚的に傾向を捉えやすくする表現です。一目見て「右肩上がり」「横ばい」など主張がわかることが望ましいため、目盛り線や軸の存在感はなるべく弱めます。詳細な数字を参照することが目的の場合には不向きです。

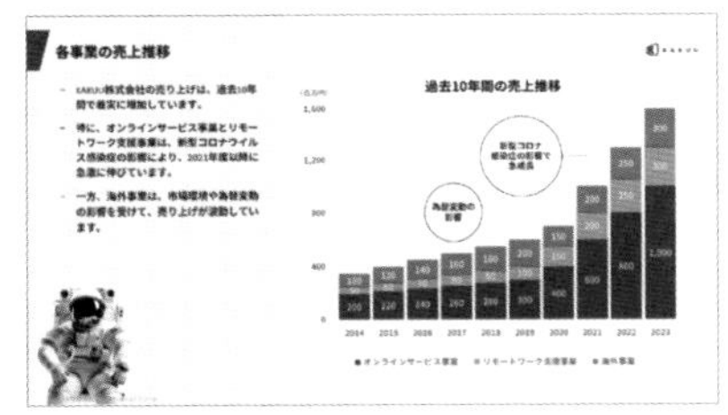

データラベル入り

要素の間隔を 10% にすると、ラベルが入る代わりに余白が少なくどっしりした印象になります。

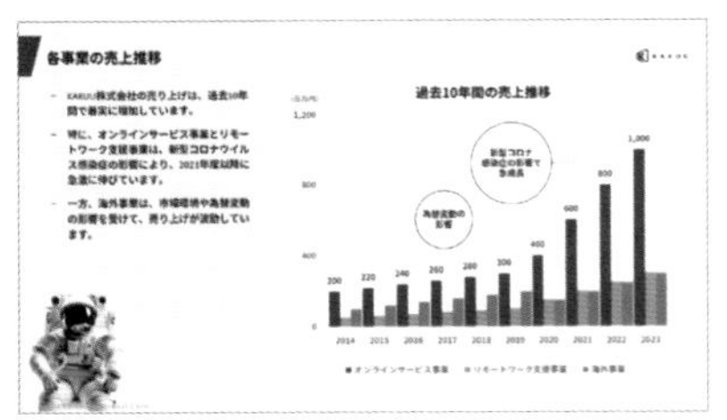

集合棒グラフ

増減がわかりやすくなりますが、ラベルのサイズは小さくなります。

IDEA 左右分割レイアウトでサマリーの行長を短くする

リード文をタイトルの下に2行程度でまとめると、行長が長くなってしまいます。
左にブロックを作り、短く改行させることで、ストレスなく長文を読むことができます。
また、図版やコンテンツエリアの文字とまざらず、順番に目で追うことができます。

NG例ではないが…

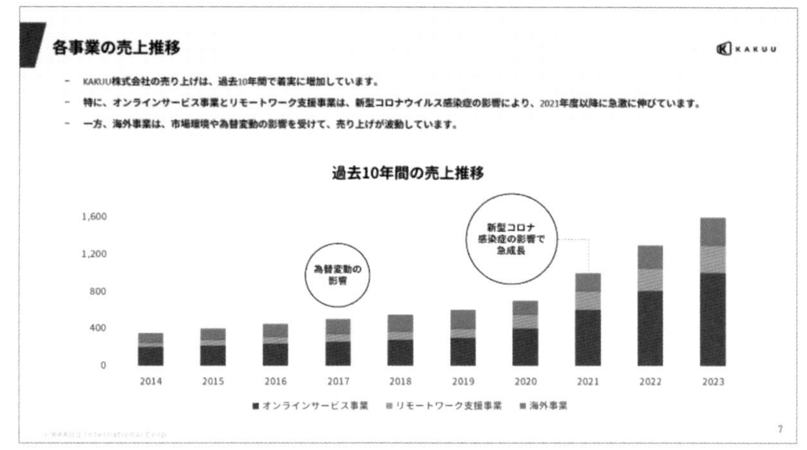

リード文をタイトル下に固定すると、
コンテンツエリアが横長になり、
グラフの山の形がなだらかに見える

関連ページ P.192 おすすめのスライドサイズは？ 4:3 比率はどこからきたのか

セグメント構成比

円グラフはデータをビジュアライズする最たる例にも見えますが、実はスライドにおいてはレイアウトが難しく、100%積み上げ棒グラフ（縦・横）も併せて検討することをおすすめします。

極端な割合の偏りを伝える

円グラフは、主力事業や大多数の声など、1位のデータが歴然な場合におすすめです。どれも同じくらい均等なデータの場合は比較の必要が生じるため、シンプルな棒グラフの方が適しています。

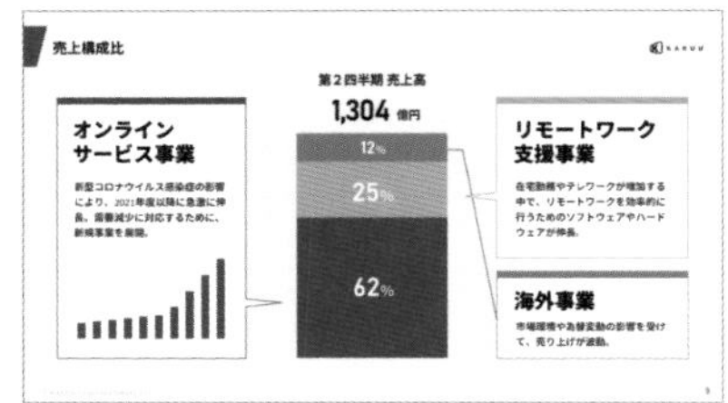

もっと関連を見やすく

100%積み上げ棒グラフは円グラフと同じ情報を表します。

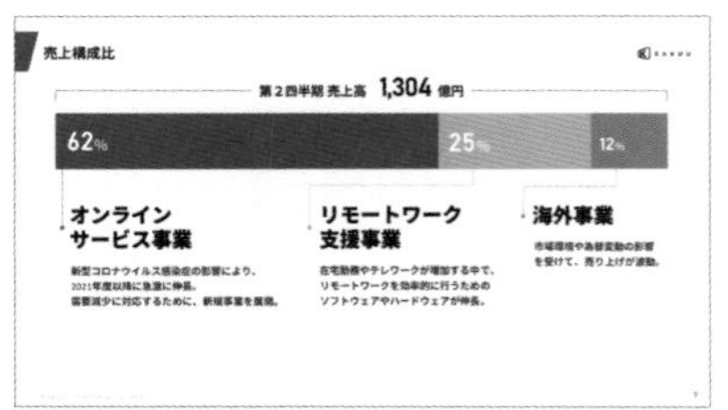

もっと整然と

100%積み上げ棒グラフ（横）で説明とグラフの各位置を近づけています。

IDEA グレー背景はゾーニングしやすい

白（#FFFFFF）は最も明るい色です。その他のすべての色は白より明度が低いため、スライドの背景を白に設定すると、それ以上明るさで目立たせることができません。
背景を薄いグレーにしておくと、目立たせたい箇所に白を使って自然に視線誘導ができたり、枠線を使わずにゾーニングすることができます。

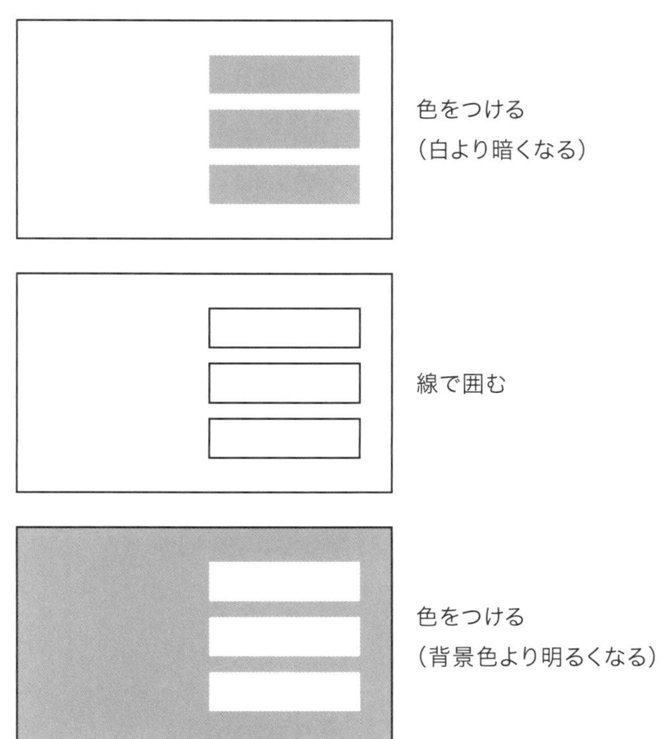

関連ページ　P.64 明度によって使い道が異なる

KPI

ビジーになりやすいスライドです。評価基準を一言一句記載しなければならない場合、ある程度文字サイズが小さくなるのは致し方ないでしょう。明暗や余白でメリハリをつけて視線誘導しましょう。

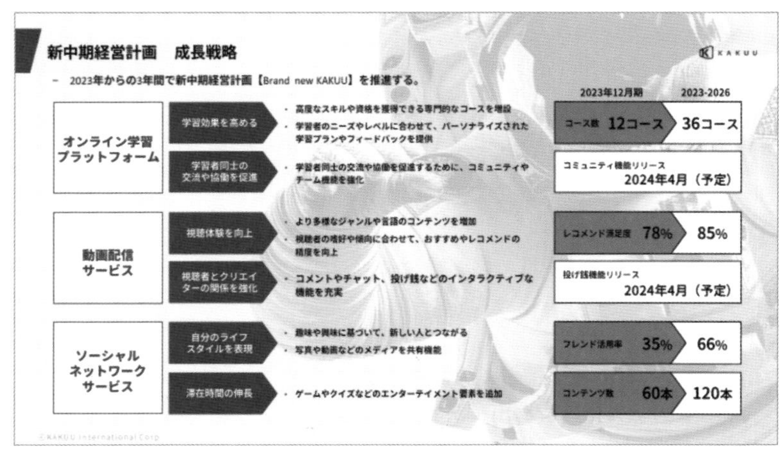

項目を羅列し淡々と報告する

ビジュアルで見せるというよりは、ドキュメントに近くなりがちなスライドです。うまくおさめるバランスを取りにくいため、まずはオブジェクトとテキストを一通り打ち込み、すべてをグループ化して伸縮させながらあたりをとります。

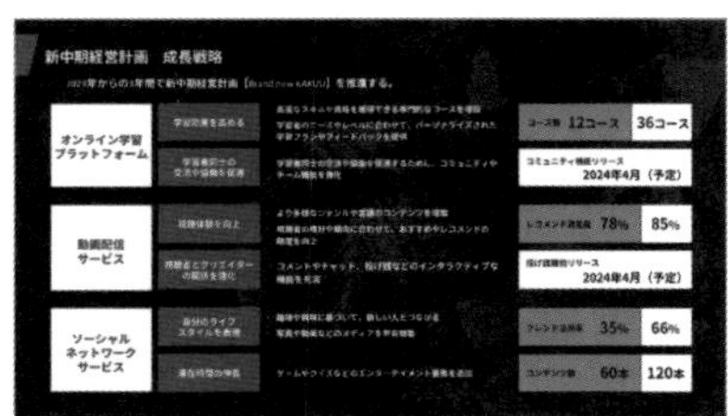

もっとスタイリッシュに

他のスライドとの差をつけるため反転し、矢羽根を四角形に変更しています。

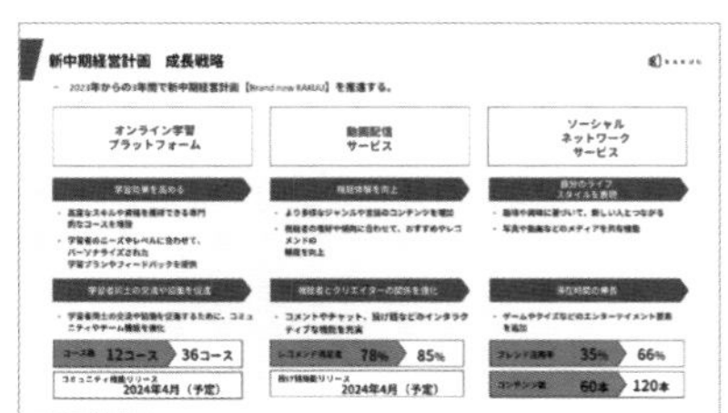

もっと部門ごとに見やすく

行長を短くし並列な横並びにしています。

IDEA 余白の大小で関連性を伝える

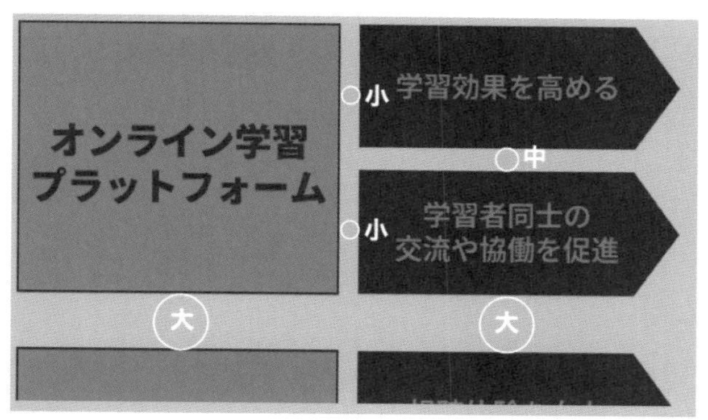

- 高度なスキルや資格を獲得できる専門的なコースを
- 学習者のニーズやレベルに合わせて、パーソナライ学習プランやフィードバックを提供
- 学習者同士の交流や協働を促進するために、コミュチーム機能を強化

小
極小
中
極小

見出し間には大きな隙間、ブロック間には中くらいの隙間、段落間には小さな隙間、行間は極小さな隙間。

よくあるNG例

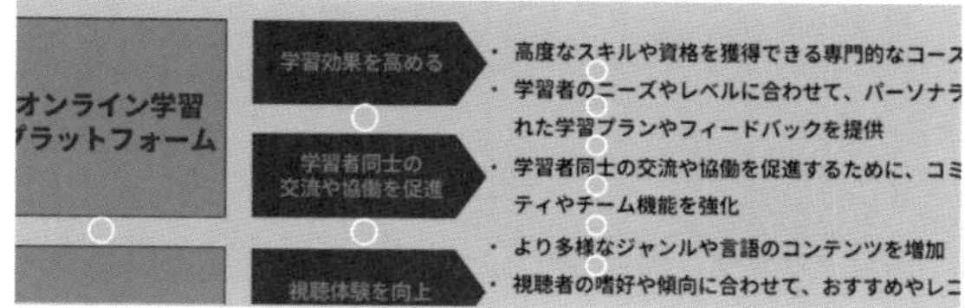

すべての要素の間隔が同じくらいだと、
つながりや見るべき順序がわかりにくい。

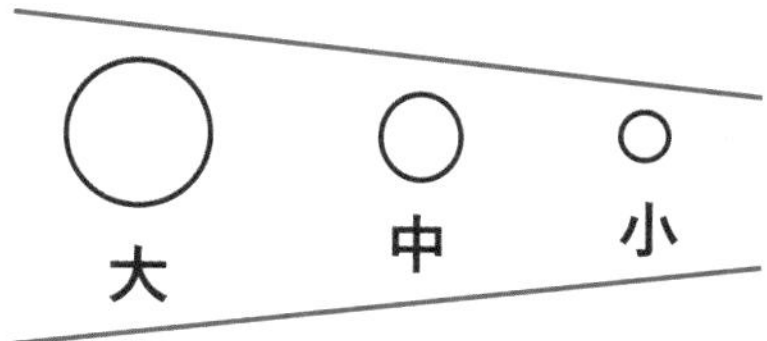

関連ページ P.56 表層デザインの機能性

配当金と配当性向

中間配当と期末配当を積み上げグラフで、配当性向は折れ線グラフで表現しています。過去の積み上げの内訳（データラベル）は、文字色を真っ白ではなく棒グラフの塗りつぶしと近い色にしています。

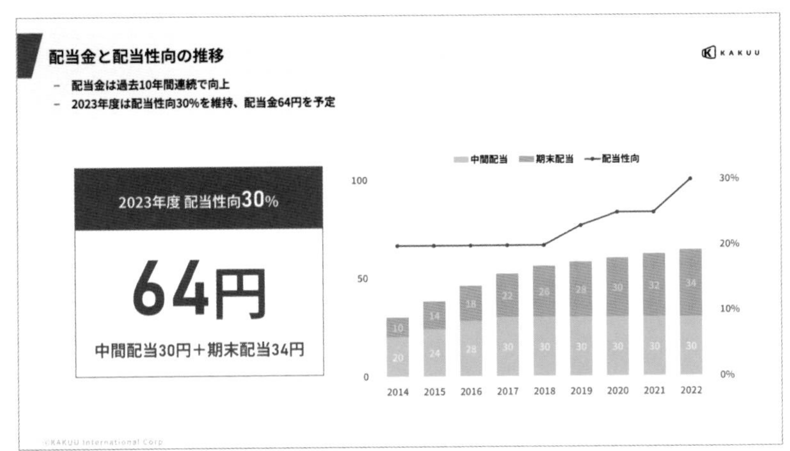

やみくもにグラフを拡大せず優先順位をつける

グラフはデータラベルや軸のテキストが小さくなりがちなため、それらが読める大きさを基準にレイアウトしてしまうことがあります。本当にそれが求められている情報か考慮が必要です。今年の数字を最も大きく抜き出しました。

もっと具体的に

数字そのものを端的に示す必要があるときはグラフよりも表がおすすめです。

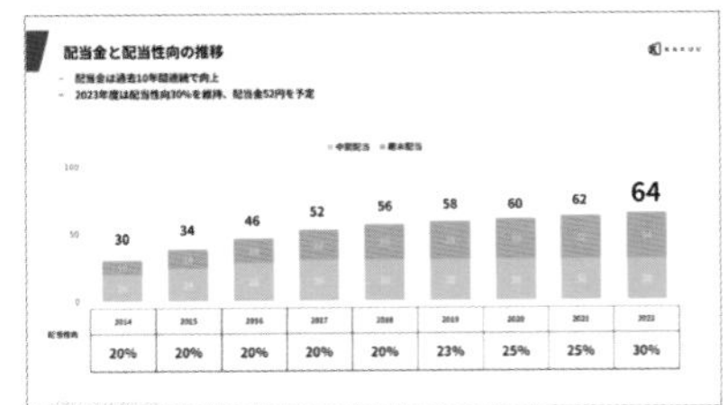

表と合わせて

折れ線で示す重要性が低い場合は表でも表せます。グラフの年数を表頭で兼用しています。

IDEA 2軸グラフをシンプルに見せる

注目度の高い配当金は特別に大きく表示させる企業も少なくありません。ここではデータラベルを入れていますが、過去の配当から上がっているか下がっているかが傾向として伝われば良いのですべてのデータラベルを記載する必要は薄いと言えます。

目立ちすぎないように
それぞれ色を変えて主張を弱めている。

52

30

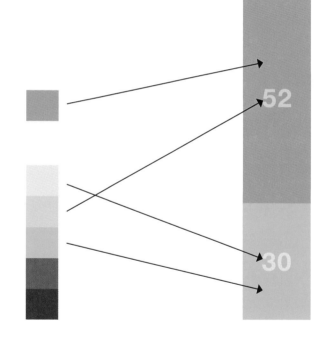

マップ

マップは支店の位置や、今後の出店計画を示します。素材を購入するなら県や国ごとに塗り分けしやすいベクターデータがおすすめです。PowerPointとExcelだけで簡単に挿入することもできます。

アイキャッチとしての日本地図

地図を入れる目的は、全国広範囲に支店があることを示すためか、出店戦略と関連付けて語るため、またはなじみ深い形によって目を引くためです。アジアなど複数の国にまたがる場合も有効です。

もっと詳細に

狭い範囲にたくさんある場合は集中部分を拡大します。

もっとダイレクトに

［図形］→［吹き出し］→［線］を使って世界地図から引き出しています。

IDEA 引き出し線の角度を揃える

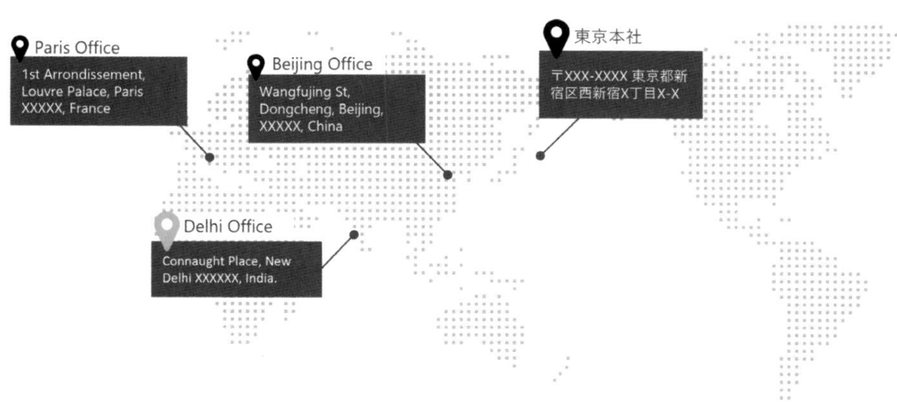

同じ角度の線が繰り返し登場すると、地図の線ではないことが一目でわかる

よくあるNG例

情報量が多く、重要な線が干渉して見つけにくい

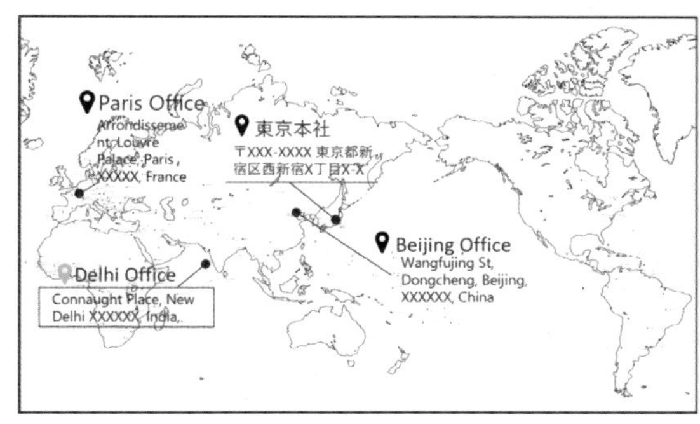

ごちゃごちゃしがちな地図をなるべくスッキリ見せるポイント

1. 正確性を求めない場合は、デフォルメされた地図を使用し、見た目の負荷を軽減する。

2. 地図の枠線を消し、塗りはグレーなどの薄い色にする。

3. 地図に情報を書き込むボックスは塗りに白字にする。

4. 引き出し線をすべてななめ45度に統一し、なるべく地図上の国境・県境を示す線に干渉させない。

貸借対照表

決算短信などの文書形式では表によって表されますが、量の比率を一目でわかるように表せるのがスライドの強みです。左右の内訳には特に動きのあった項目のみをピックアップすることもあります。

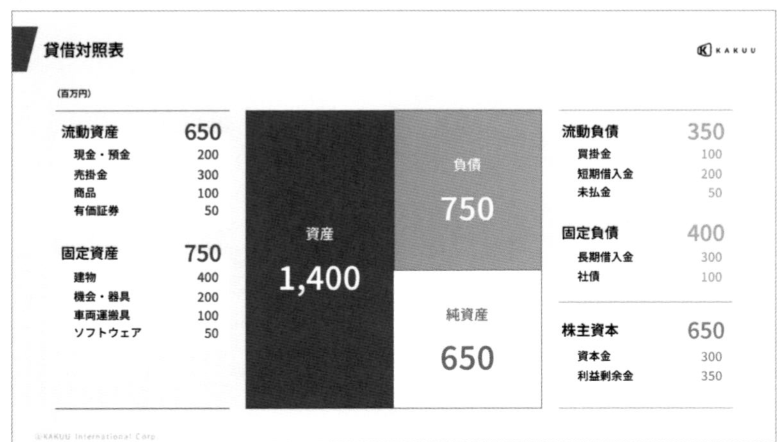

アニメーションで変化を見せると効果的

貸借対照表が見せているのは比率です。前年と比較する一例としてアニメーションを使用すると推移が視覚的に捉えやすいでしょう。

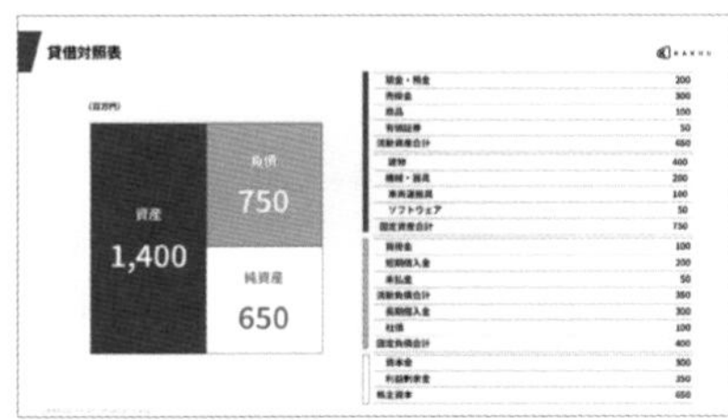

もっと具体的に

表の中でインデントをつけています。

もっとダイレクトに

直接書き込んでいます。塗りつぶしの上に重ねる色は真っ白ではなく、#FFFFFF の透明度を 10% にすることでなじませています。

IDEA 単純な比率は「高さ」にそのまま打ち込む

正確に作成するには100%積み上げ棒グラフを使いますが、四角形だけで作成することもできます。幅の同じ3つの四角形を用意し、数値を100分の1なり1000分の1なり等しく割ったものを、高さとして指定します。グループ化してから拡大縮小すれば、比率は崩れません。先にスライドに対して適当な大きさであたりをとっておいて、正しい比率を横に並べて揃えると作りやすいです。

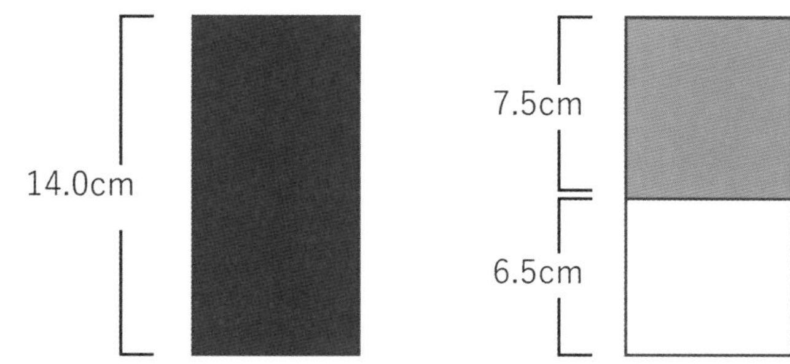

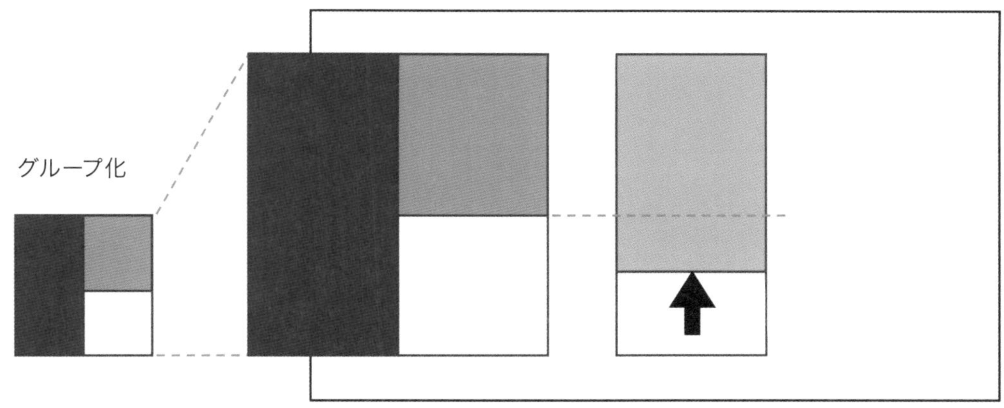

tips 円グラフ代替案

円グラフは、いつでもバランスよくデータが収まるわけではありません。最後の項目が数%しかなかったり、ほとんどの項目が左半分に偏ってしまったり、どの項目も同じような分量で違いがはっきりしなかったりと、スライド上での扱いが難しいことがあります。
たまたま見本のようにきれいに配置できても、次年度には踏襲して使えなくなり、図解・表層をやり直しせざるを得なくなる恐れもあります。

円グラフのメリット

・一目で「構成比」を表すスライドだとわかる
・差がはっきりしていれば、視覚的にわかる

円グラフのデメリット

グラフでは、項目が①右上 ②右下 ③左下 ④左上、と時計回りに項目が並ぶのに対し、
スライドは通常上から下、左から右の順で情報を配置するため矛盾する
→グラフの項目と各説明を近くに配置しにくく、整合性をとりにくい

いつもきれいに
割合がばらけてくれるとは限らない！

NG例ではないが…
引き出し線が上部に密集すると
認識にストレスがかかる。
スライド上のレイアウトもしにくい。

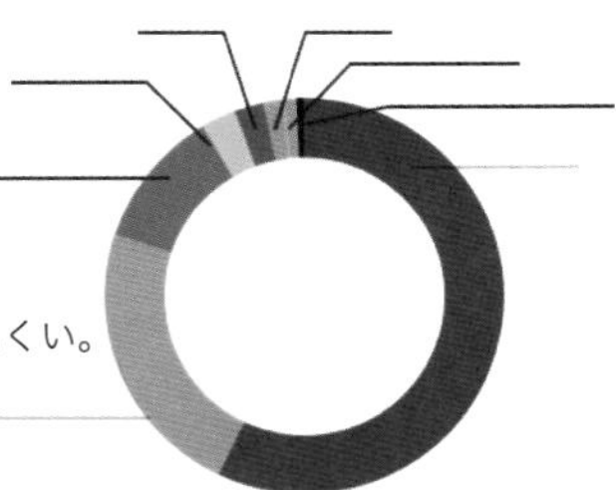

円グラフの説明順序

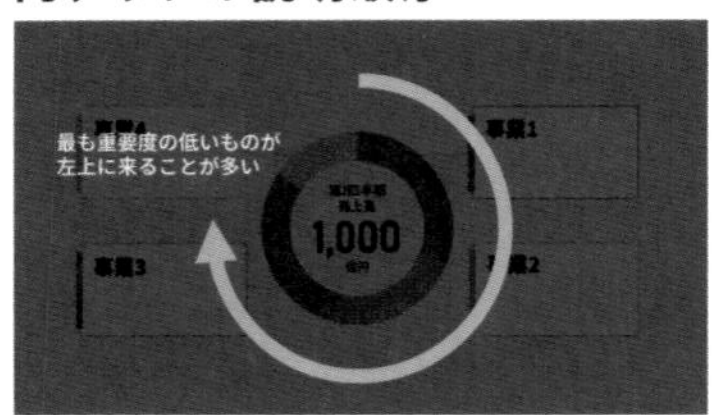

スライドを読ませたい順序

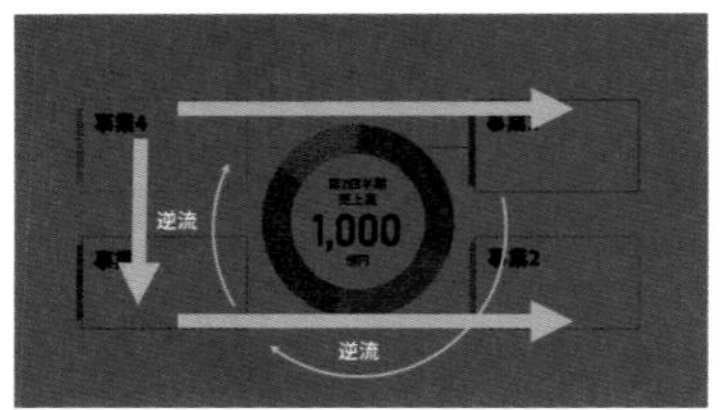

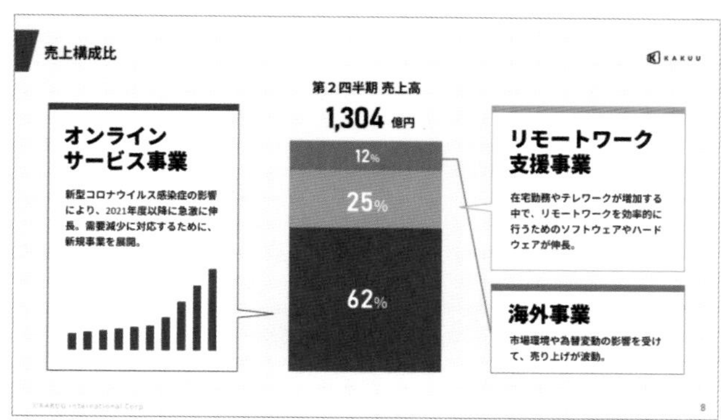

100%積み上げ棒グラフ（縦）

メリット

・説明の行頭を揃えやすい

デメリット

・最初の項目が下に来るため、やはり説明順序は矛盾する

・もしくは、引き出し線が交差してしまう

・四角形が連なっているだけなので、初見で100%積み上げ棒グラフだとわかりにくい

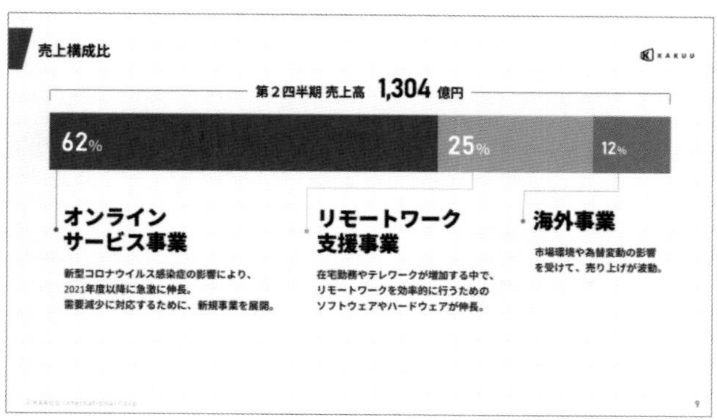

100%積み上げ棒グラフ（横）

メリット

・最初の項目が左に配置され、スライドを目で追う順序と一致する

デメリット

・各項目の説明を横に並べなければならないため、詰まった印象になることがある

関連ページ P.50 数字を表現する

tips 棒グラフは境界が一目でわかることが何よりも大切

積み上げグラフの色は、明度ではっきりとコントラストをつけます。デフォルトでグラフの色を同系色に選択すると、あまり明度の差がなく印刷時に境界線がわかりにくいことがあります。
項目数が多いときは、きれいなグラデーション状ではなくあえて明るさの異なる色を隣り合わせにします。

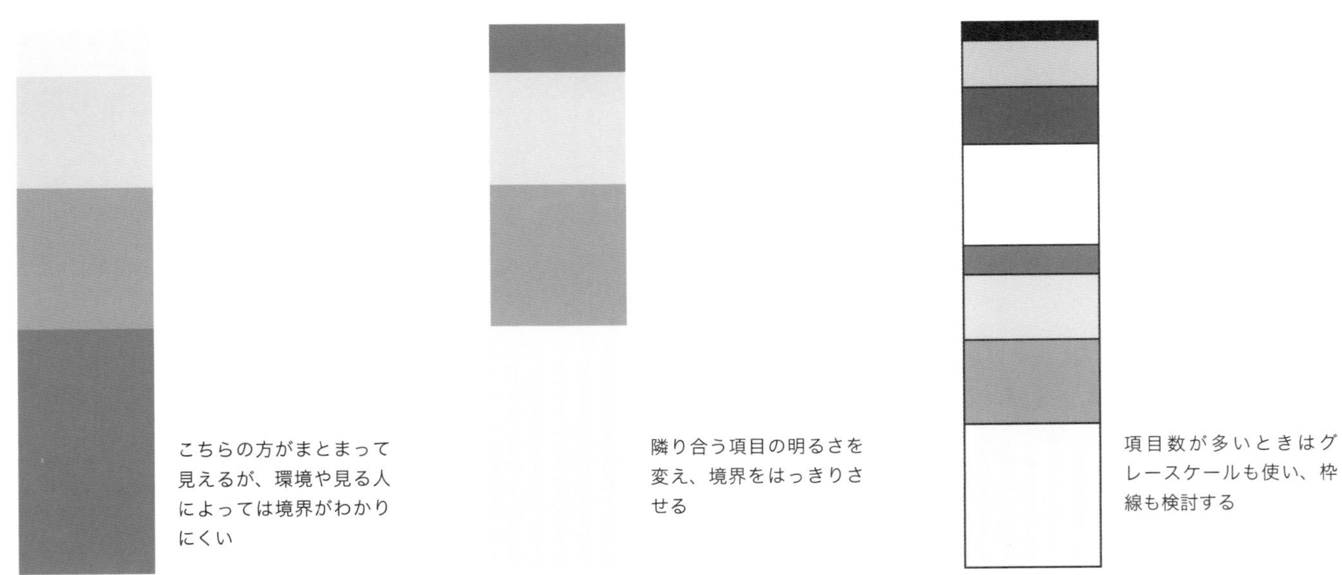

こちらの方がまとまって見えるが、環境や見る人によっては境界がわかりにくい
隣り合う項目の明るさを変え、境界をはっきりさせる
項目数が多いときはグレースケールも使い、枠線も検討する

tips すべての項目にデータラベルは必要か

スライドの使用シーンによっては、最新の数値だけで良い場合や、合計値しか求められていない場合もあります。
「8年前の中間配当だけの数字」をピンポイントで質問されることはほとんどないでしょう。
「誰が見ても不足がないように、念のためすべてにラベルを表示しておく」という発想が、
グラフを混沌とした見づらいものにしてしまう要因です。
グラフの目的は大まかな推移を視覚的に見せることなので、数値を正確に把握させる目的であれば表を使った方が適切です。
そのような検討用スライドはAppendix（補足）に入れておき、プレゼン用のグラフはすっきりさせることもできます。

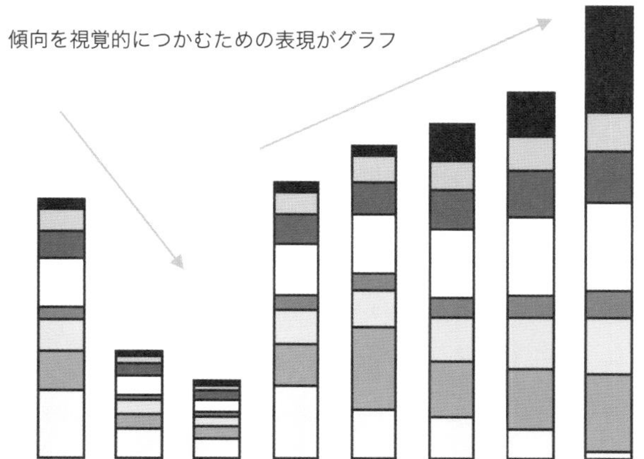

傾向を視覚的につかむための表現がグラフ

数値を1年ごとに正確に参照することが目的なら表を使う

	A	B	C	D	E	F	G	-
16								
17								
18								
19								
20								
21								
22								
23								

関連ページ P.42 目的によって複数の表現方法がある

04 メッセージをわかりやすく

採用ピッチとは

就活生に対する会社説明に使う資料です。事業内容だけでなく、働き方をリアルに伝えることが特徴です。特にカルチャーマッチを重視する場合、企業としての理念やメッセージ、社風、ビジョンを可視化して共有する必要があります。

このサンプルのコンセプト

ターゲット：20代の第二新卒・求職者
使用シーン：合同説明会・カジュアル面談
目的：企業としての思想を伝え、エントリーしてもらう
トンマナ：ひとつのモチーフを繰り返し使用。スライドごとに異なるレイアウトで飽きさせない工夫をしている。

採用ピッチのデザインサンプル

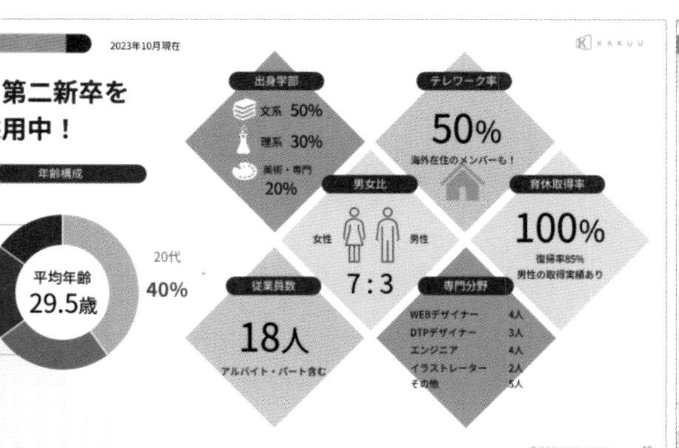

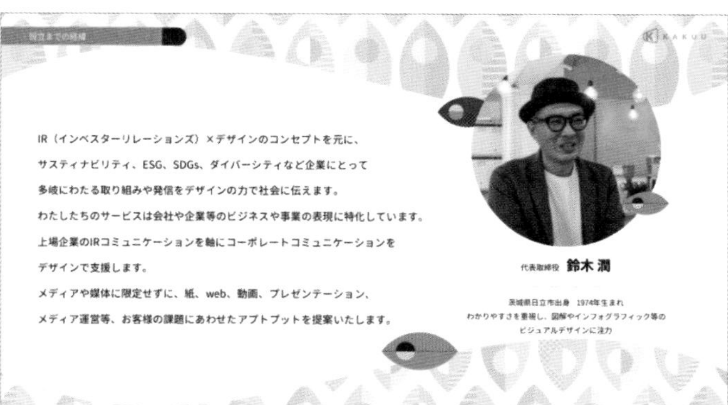

メッセージをわかりやすく伝えるポイント

言葉選びはもちろんのこと、配色やフォントやあしらいで印象を作ることができます。競合他社と比較した際の差別化ポイントがわかりやすいよう、「どんな印象を持ってもらいたいか」から逆算します。

採用ピッチのよくある構成

1. 表紙
2. 目次
3. 数字で見る○○
4. 事業内容
5. 組織図
6. 職務内容
7. 福利厚生
8. 評価・キャリアパス
9. 働き方
10. カルチャー
11. 経営理念
12. 代表メッセージ
13. 採用プロセス

表紙

メッセージをわかりやすく伝えることはあらゆるプレゼンにおいて重要ですが、ここではカルチャーマッチを重視する時代の傾向に合わせ、採用ピッチを例に扱います。競合と比較したときに差別化となるよう、企業の声を可視化する必要があります。

複数のシーンから社風を連想させる

様々なシーンを組み合わせ、その企業でいきいきと働く自分を想像してもらうことを狙いとしたデザインです。

もっとキラキラに

［矢印：山形］で切り抜くとより複雑で偶発的な隙間が生まれます。

もっと象徴的に

写真の上に、テキストで切り抜いた図形をかぶせています。

IDEA 簡単ブロックレイアウトの例

1.
大きなブロックを
３つ配置

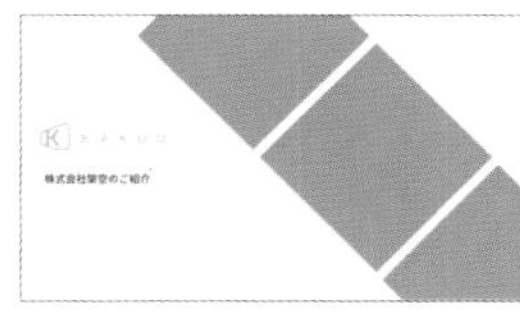

2.
中くらいのブロックを
２つ配置

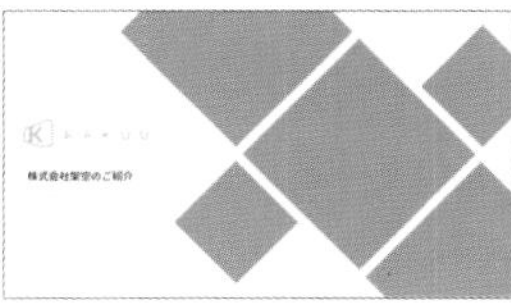

3.
小さいブロックを
２つ配置

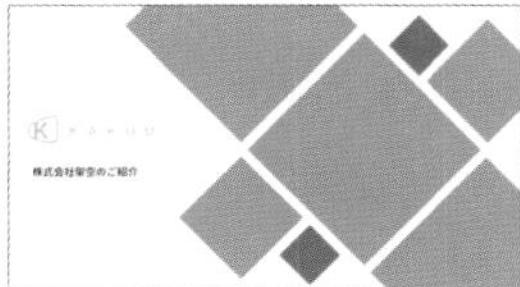

4.
角を埋めるように
薄い色を配置

表紙には更新日時を入れておくと、
どのバージョンを配布したか把握しやすい

よくあるNG例

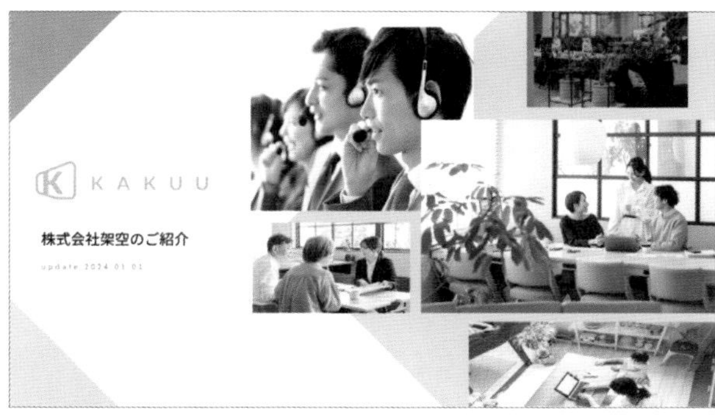

- 写真の統一感がない（明るさ、色合い、画質）
- 縦横比がバラバラなまま配置
  →あった写真をそのまま貼り付けただけに見える
- 一体感を出すための写真のチョイス
- 色合いを合わせる
  →光源が青白い（蛍光灯・自然光）/黄色っぽい（白熱灯）
- 明るさ・彩度を合わせる
  →編集である程度は調整可能
- 画質を合わせる
  →粗すぎない写真を用意

アジェンダ

実際にスライドを使用する採用説明会やカジュアル面談では、質疑応答タイムですみやかに前半の章に飛ぶ必要が生じることもあります。目次ははじめに全体観を示すだけでなく、各章へのリンク集の役割も持っています。

リンクつき目次でスムーズなプレゼン

文字列を選択し、[挿入] → [リンク] → [リンクを挿入] → [このドキュメント内] → [ドキュメント内の場所] から遷移先のスライドを指定できます。文字列をクリックすると、指定の章までジャンプすることができます。

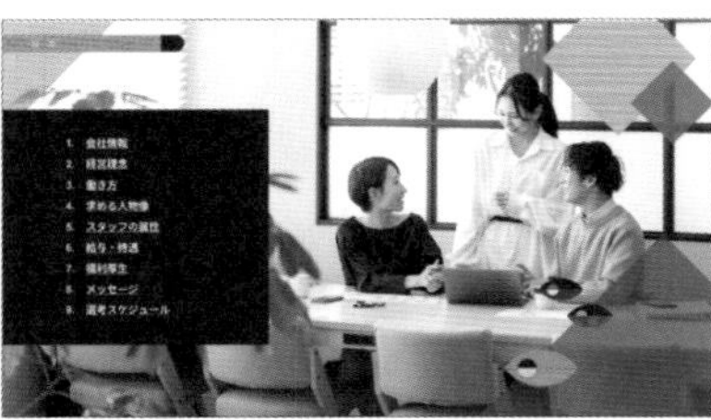

もっと明るく

テキストの下だけ単色の塗りつぶしにすることで、写真の色は明るくできます。

もっと直観的に

Web のようにリンクが入ったボタンを並べています。

リンクを設定しやすくするためにも、各ページのタイトルはスライドマスターで設定したタイトル欄に入れておくことが重要です。

・「このドキュメント内」でどのスライドを指しているのかわかりやすい
・「アウトライン表示」から簡単にテキストとしてコピーできる
・タイトルと目次が必ず一致する

といったメリットがあります。

IDEA 写真にテキストを重ねる

写真を背景にするときは［図の形式］→［修正］→［明るさ・コントラスト］で暗くすると、白文字が読みやすくなります。

写真自体の明暗が激しく、文字が読みにくい場合、文字の下がもっと暗くなるような半透明の四角形を重ねます。

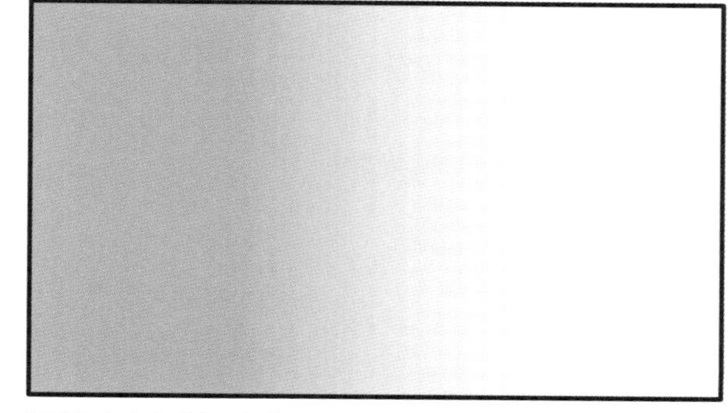

写真に文字を重ねると読みにくくなる場合、半透明の四角形グラデーションを作って敷くのもよい方法です。

リンク付きのアジェンダがあれば、会議で質問されてから、ひたすらクリック連打で該当ページを探さなくて済む！

数字で見る

数字をビジュアル化し直観的に伝えます。アイコンや円グラフを使用し、強みとなる主要な数字がキャッチーに伝わればOKです。

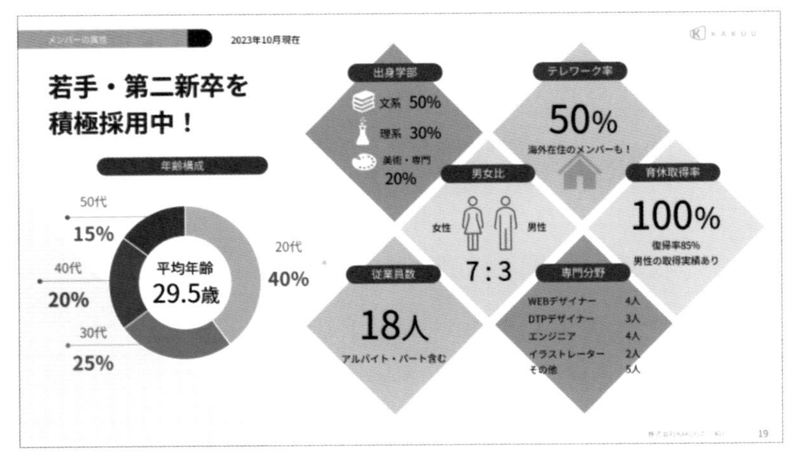

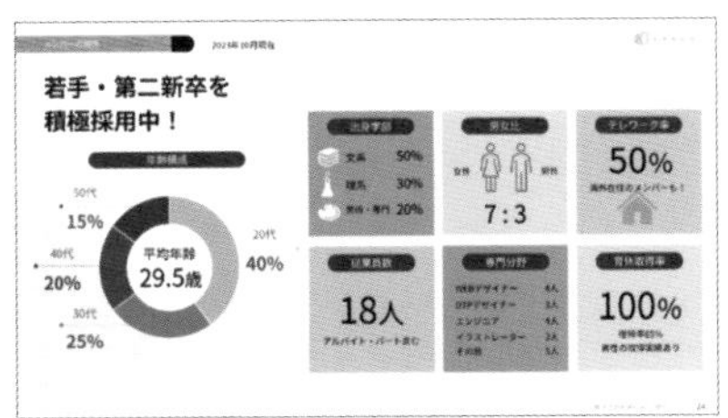

もっと硬派に

シンプルに四角形を整列させたパターンです。

アイコンの線の太さを揃える

複数の素材サイトからアイコンを集めてくると統一感が失われることがあります。SVGファイルなら［図形の枠線］→［太さ］を調整し、見た目を似せることができます。

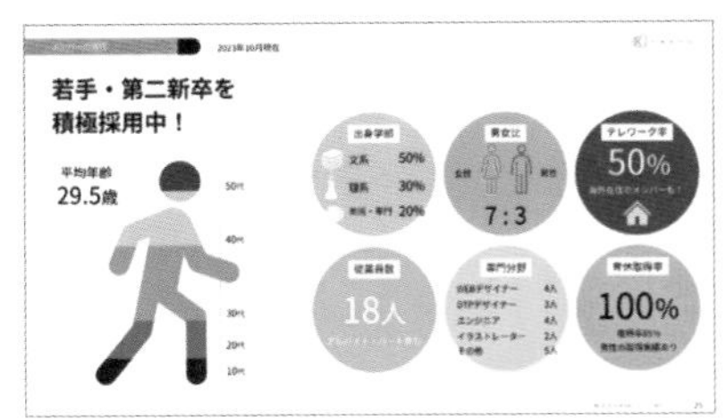

もっとポップに

色数や要素数が増えるとよりカジュアルになります。

IDEA 変化球的な図形の並べ方

下の例では「四角形」をななめに傾けるのではなく、「ひし形」を使用しています。整列が容易になるためです。

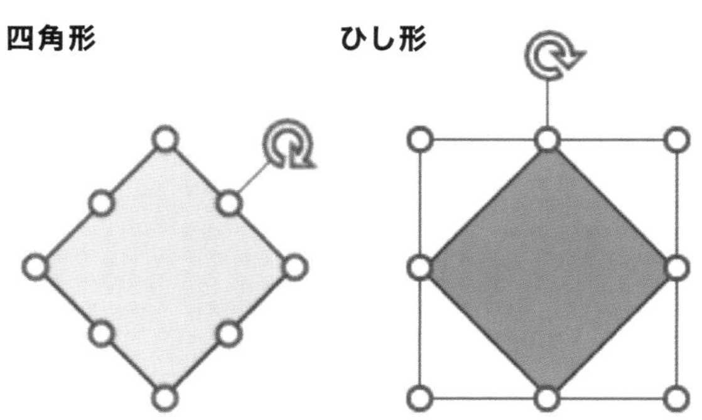

SmartArtを使うとこのような六角形のパターンも簡単に挿入できます。

担当者が変わっても
更新がしやすくて助かるよ

組織図

組織図のように特に主張のない、情報共有のためのスライドでは、キーメッセージ欄を省いたレイアウトを使用します。並列な関係は書式に差をつけないことが重要です。

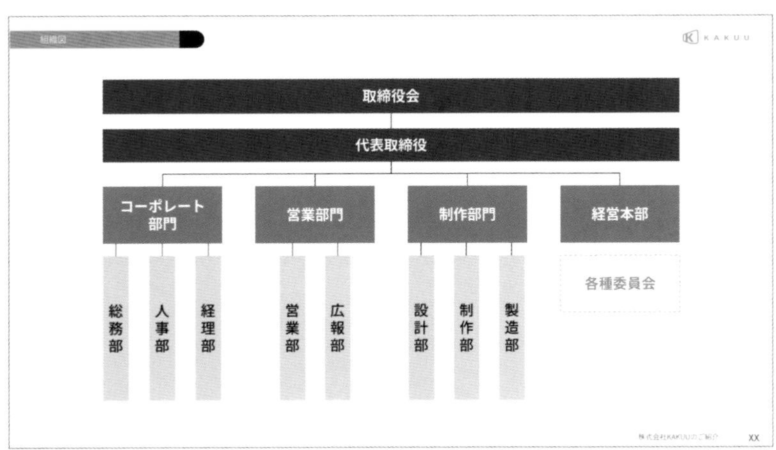

線を干渉させない

階層構造をわかりやすくするために、重要なのはコネクタ線です。そのためなるべくそれぞれの四角形には線を使わず塗りだけで表現します。同じ階層の部署は同じ装飾にします。

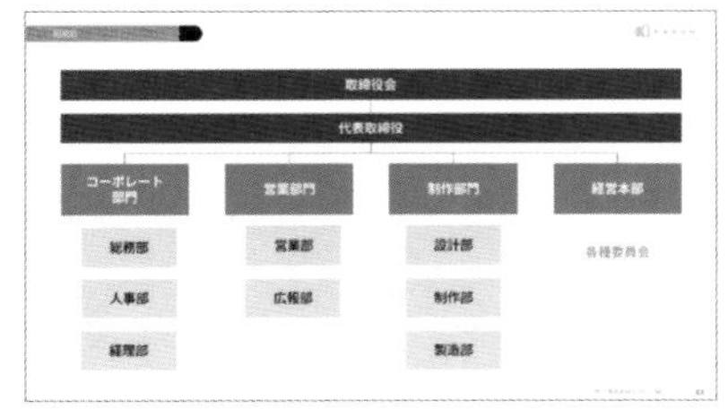

横書きで統一

横文字の部署名があるときは横書きがおすすめです。

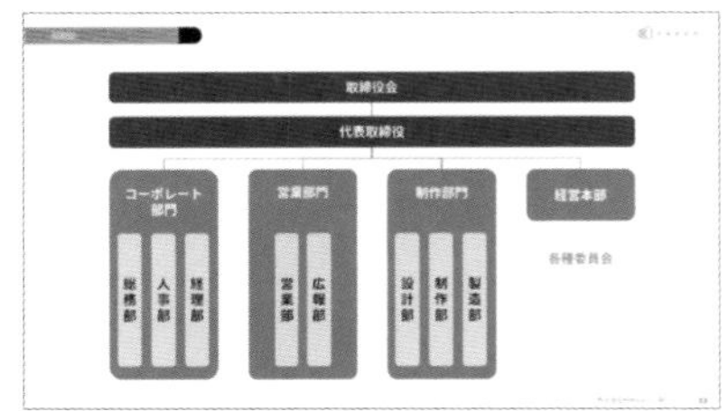

もっと線を少なく

ブロックの中に含むことでコネクタ線と同じ親子関係を示します。

IDEA SmartArtなら階層構造を作りやすい

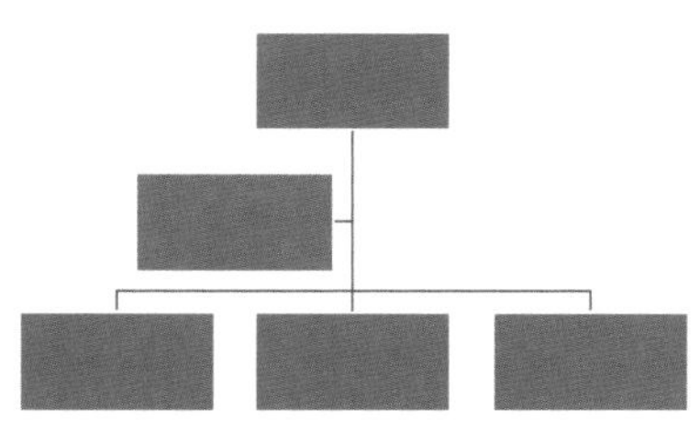

［SmartArt］→［階層構造］→［組織図］を使うと、簡単に入力ができます。微調整にはコツがいりますが、グループ解除を行うと通常の図形と同じように扱えます。

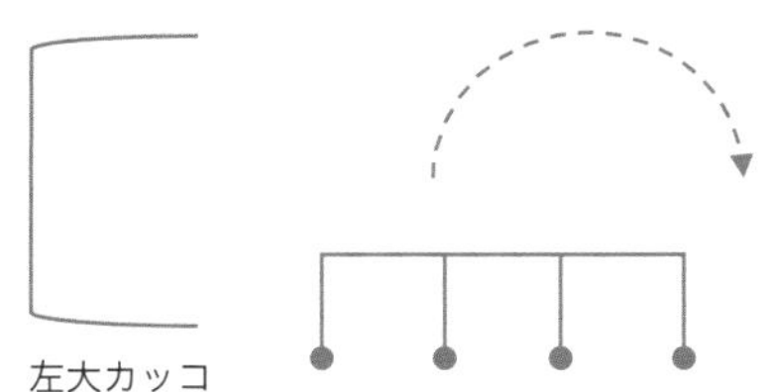

原則コネクタ線を使用しますが困ったときは［図形］→［大カッコ］も使えます。
線の先端や太さを選択できます。

よくあるNG例

すべてを同じ太さの線で囲むと、コネクタ線に干渉して目立ちにくくなります。

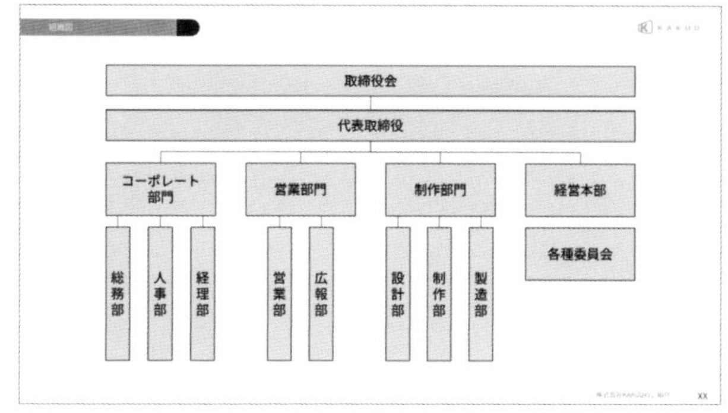

コネクタ線で結んでおくと、
拡大縮小したときも要素の関係が崩れません

関連ページ　P.48　要素の重なりを表現する

福利厚生

強い人材を採用するためには、求職者にとって他社ではなく自社で働くことのメリットを示す必要があります。事業や業務内容はもちろん、給与レンジや福利厚生も重要な情報です。

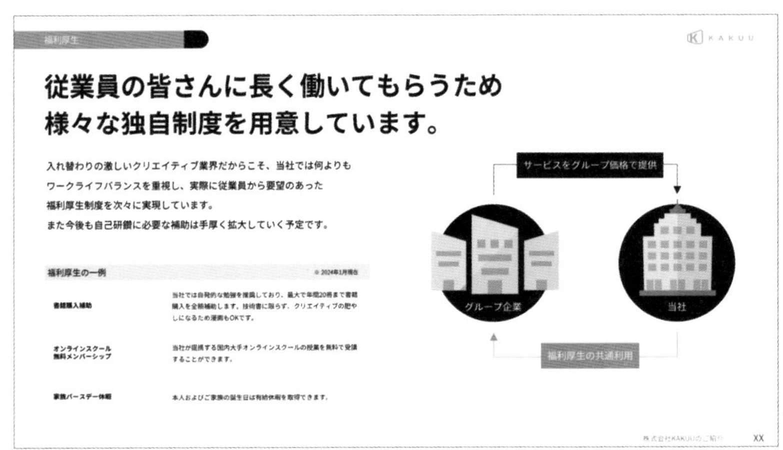

図と表で役割を分ける

図はぱっと見でざっくりと構造を伝えるため、表は具体的な情報を比較するためにあり、内容が重複しても構いません。

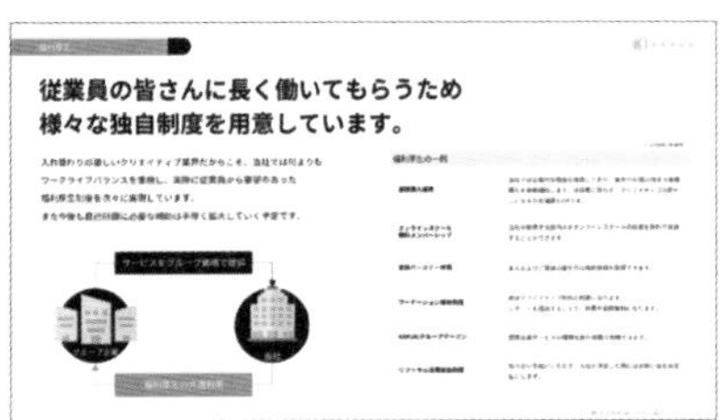

もっと多く

表で作成しているので行の追加・削除が簡単です。

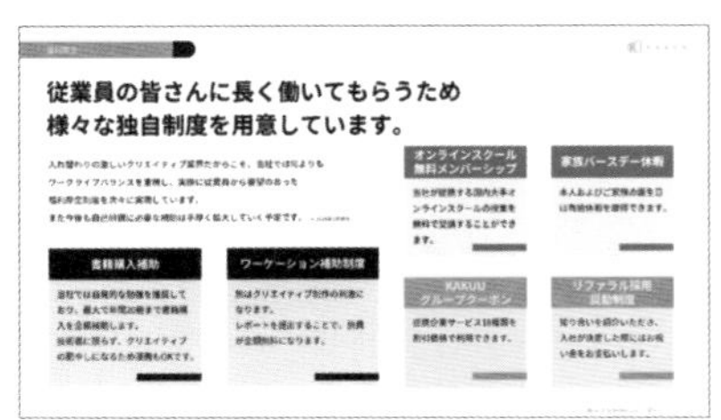

もっとメリハリをつけて

それぞれブロックで囲んでいます。

IDEA タイトルではなくメッセージラインに重きを置く

メッセージラインはそのスライドの要約であり、主張そのものです。資料は2行程度のメッセージラインだけを通して拾い読みすれば全体のあらすじがつかめるように作ります。

よくあるNG例

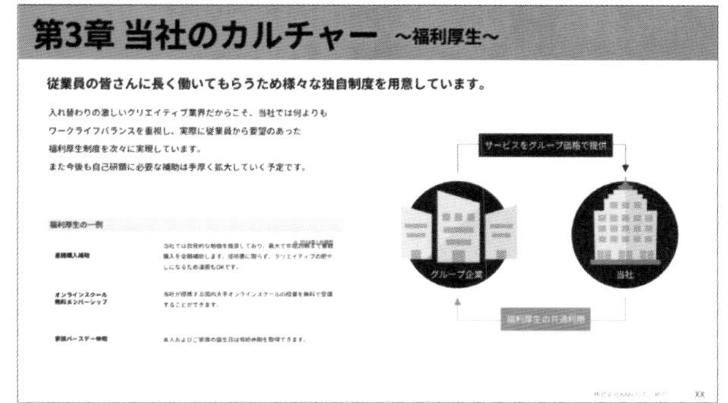

タイトルを最初に書くからと、必要以上に大きくしてしまっている

作りこみすぎると更新が大変

次年度に自分以外が更新する可能性がある場合は、メンテナンス性にも配慮しましょう。

・グラフやSmartArt機能を図形化・画像化しない
・スライドマスターのカラーパレットから色を使用する（使用色をカラーパレットに登録しておく）
・使用素材やデザインルールをまとめてファイル化しておく

なども後任担当者への思いやりのひとつです。

他の社員は君のようなパワポマスター
レベルではないから、ほどほどにね…！

経営理念

メッセージ中心で遊びを取り入れやすいスライドです。人の顔が入るとリアリティが増すため、代表取締役の略歴と1枚にまとめることもあります。

抽象的なメッセージは行間を広げる

理念などの詩的なテキストは、具体的な情報を伝えるテキストに比べて行間を広くとります。行長は長くてもスライドの半分をこえない程度が良いでしょう。キャッチコピーを手書きで取り入れるとリアルな印象が伝わります。

もっとシャープに

ひし形を重ねて直線を作っています。

もっと立体的に

「背景の削除」で人物を切り出しています。

IDEA 連続性のある背景でストーリーのつながりを感じさせる

背景は半透明のモチーフを敷き詰め、コンテンツの高さに合わせてさりげなく余白を埋めています。
同じセクションの「会社概要」と「設立ストーリー」はレイアウトに統一感を持たせ、内容につながりがあることを表現しています。

つかみの演出に「画面切り替え」

- 画面切り替えで［プッシュ］→［効果オプション：右から］を設定すると、スライドショー時Webサイトのようになめらかに遷移します。
- 「フェード」に比べ、大きく画面が動くためダイナミックな印象になります。限定的に使うのがおすすめです。

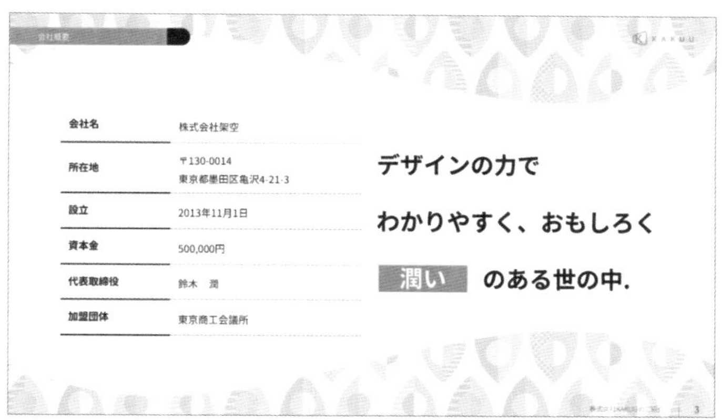

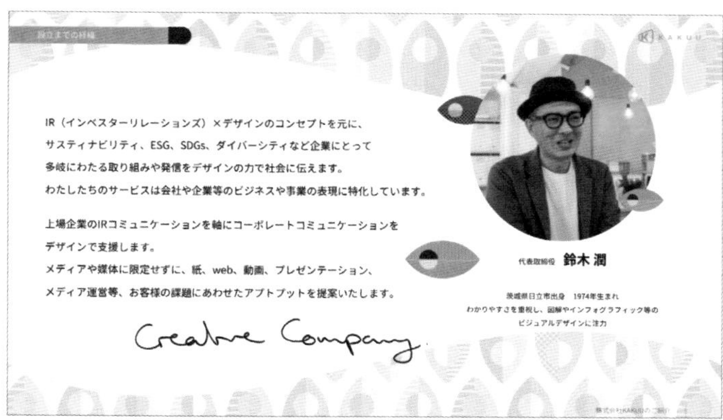

カルチャー

近年、「カルチャーデック」という資料がインナーブランディングにも活用されています。組織としての考え方を言語化することに大きな意味があります。スライドではシンプルに対比を見せています。

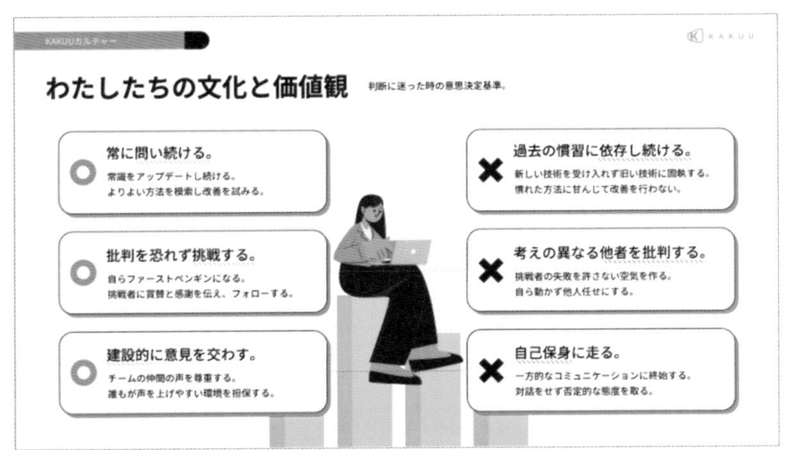

メッセージに沿った素材を使用する

複数の素材サイトからアイコンを集めてくると統一感が失われることがあります。SVGファイルなら［図形の枠線］→［太さ］を調整し、見た目を似せることができます。

もっと細かく

クレド（行動指針）ひとつにつき1スライド使用するパターンです。

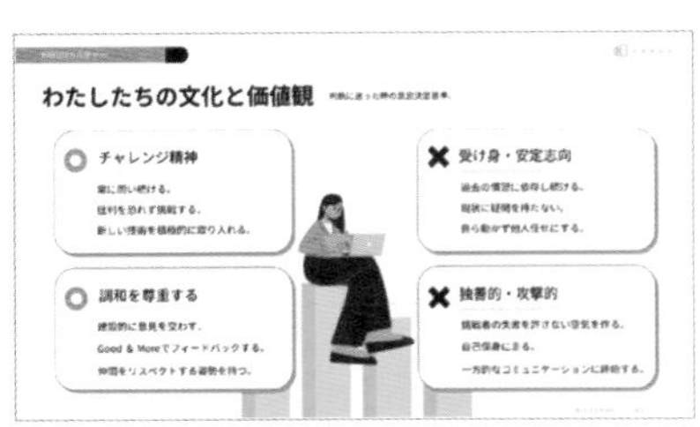

もっとまとめて

逆にすべてのクレドを1スライドにまとめるパターンです。

IDEA 淡い影は環境によって消滅しやすい。影はくっきりがおすすめ

同じオブジェクトを重ねることでも表現できますが、影として設定しておくと複製やサイズ変更も簡単です。枠線をつけると明瞭でポップな印象になります。

デフォルトの影設定
透明度 60%　ぼかし 4pt
距離 3pt　枠線 1pt

くっきりした影設定
透明度 0%　ぼかし 0pt
距離 6pt　枠線 1pt

NGではないが注意

さりげない影設定
透明度 80%　ぼかし 10pt
距離 3pt　枠線なし

塗りも枠線も使わずにゾーニングしたいときは、ごく淡い影を広めにぼかして使います。しかし PDF 化すると透明度が反映されず濃くなりすぎていたり全く見えなくなったりしている可能性があるため、共有前に確認が必要です。

付　録

質問逆引きコーナー

スライド作りに関する、よくある質問をまとめました。

Q.1 自分ではわかりやすく作ったつもりでも、プレゼンでわかりにくいと言われます！

A.1 第三者に見てもらいましょう！

スライドやプレゼンテーションは最終的には誰かに見てもらうものです。
プロでも作ったものの良し悪しは自分ではなかなか判断ができないものだったりします。
迷ったときは、同僚、上司、家族など周りの方に見てもらって率直な意見を求めてはいかがでしょうか？

Q.2 スライドを別のファイルからコピーしてきたら、色が変わりました！　なぜですか？

A.2 元の形式で貼り付けをすると、スライドマスターごとコピーできます！

スライドは、そのファイルのスライドマスターから色やフォントを参照しているからです。
元のファイルの色やフォントを保持したい場合、「元の形式で貼り付け」を選択すればそのままになります。
ただし、元のスライドマスターを丸ごとコピーするため、移行先のファイルサイズが少し重くなることに注意してください。

Q.3 かっこいいテンプレートをダウンロードしたのに、いざ編集するとなぜかかっこよく見えません！

A.3 写真素材や英語の雰囲気に惑わされていませんか？

テンプレートは一見簡単におしゃれなスライドが作れそうに思えますが、写真とテキストを様々なレイアウトで見せることに特化していて、ビジネスにおいて実用的ではないこともあります。
余ってもったいないからと、使いたいテンプレートありきでスライドの中身をねじ曲げては本末転倒です。
テンプレートを参考にデザインを取り入れてみたり使いやすくアレンジしたりすることで、自分の伝えたい内容に沿ったオリジナルのマスターを作れるようになります。

Q.4 デザインに凝らなくていいからちゃちゃっと作って！と言われるのですが、可能ですか？

A.4 表層はスライドマスターである程度用意しておけます

その指示をする人が指す「デザイン」とはおそらく「表層」の色や装飾のことでしょう。
しかし、スライドマスターを使えば色やフォントサイズやパーツ作りに悩む時間を大幅に減らすことができます。毎回の資料作成では実はそこに時間はあまりかかっていません。
使い回ししにくいのは「構成」「図解」であり、頭で考えるのが大切な工程だからこそ時間がかかります。ドキュメントや手書きラフで構成・図解を作った段階でレビューをもらうようにすれば、その後の表層デザインに時間をかけていないことがわかってもらえるでしょう。

Q.5 某大手IT企業ではパワポ禁止と聞きました。パワポを作るのは時間の無駄ですか？

A.5 聞き手にとってわかりやすくなるなら決して無駄ではありません

海外のスライドは文章で説明することが多く、「図解」の文化があまりないそうです。その用途ならドキュメントで事足りるでしょう。スライドの強みは構造を可視化したり画像を用いたりして文章以上に“わかりやすく”伝えることです。
パワポを使わずに同じ粒度で同量の情報を伝達するには、話し手・聞き手の双方にむしろ高いスキルが求められるのではないでしょうか。

Q.6 この本で紹介されている作例はうちの会社では真似できる気がしないのですが？

A.6 使えそうなものから部分的に適材適所で取り入れてください

作例の要素を分解すると、色やレイアウトや画像など様々なテクニックが使われています。
表層の技術として堅実そうなものから大胆なものまで幅広くご紹介しましたが、このすべてをその通りにコピーするのではなく、有用そうなポイントのみをまずは真似していただければと思います。
IR資料の「サマリー」と会社説明資料の「目次」のテクニックを組み合わせてサービス紹介資料を作る、といった応用ももちろん可能です。

Q.7 これからはAIを使えるのでスライド作成を学ぶ必要はないのでは？

A.7 ツールを有効活用しながらも、人間が判断基準を持っていることが大切です

AIは一見スライド作成の時間を大幅に短縮してくれるように見えますが、2024年現在ではまだビジネスで実用に足りるレベルのものは登場していません。構成のたたき台を作ったり、挿絵を提案してはくれますが、「誰に何を伝えるべきか」「そのためにどのような図解が必要か」といった本質的な部分は人間が考えなければなりません。
今後AIが発達してスライド作成の大部分を任せられるようになったとしても、その良し悪しをジャッジする目を持っておく必要があります。

column 01

本当にわかりやすい？ パワポ資料にアイコンを使いすぎてしまう理由

みんな大好きアイコン素材

アイコン素材、便利ですよね。シンプルで、すっきりとしていて見やすい。SVG形式なら色も変えやすい。今っぽい。誰でも統一感を持たせることができる。何より資料を作る者にとって、単一のスタイルでたくさんの種類が用意されていることが、どれだけありがたいか！（⇔いろんな素材サイトからイラストを調達してくると、テイストがバラバラになってしまいます。）

そのような理由から、アイコンは多くの資料やWebサイトでも使われています。私もよく使います。しかし…

アイコンに頼りすぎていませんか？

「アイコンの何が悪いのか？」と思われる方もいると思いますが、私はそのような資料はベストではないと考えます。懸念する点は以下の3つです。

スライドをアイコンだらけに“しない方がいい”理由

1. アイコンを使う必然性がないから
2. 人によって解釈が割れるから
3. 情報の粒度が違うから

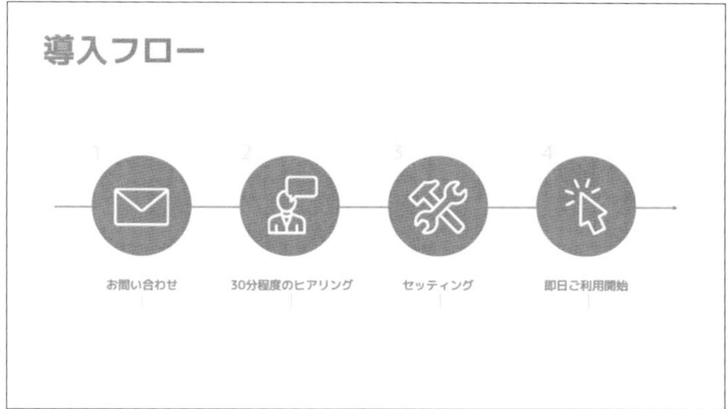

こんな資料を見たことがありませんか？全スライドにわたってアイコンだらけ！！！

column 01

本当にわかりやすい？
パワポ資料にアイコンを使いすぎてしまう理由

理由  アイコンを使う必然性がないから

そもそもイラストや写真の機能は、イメージが直感的に伝わることにあります。文字で説明を読むよりも、伝達スピードと精度が上がります。
その中でもアイコンとは、
モチーフを極限まで抽象化し、認識を保てる最低限の形を残し、単純化したデザインだと思っています。これにより、

- ・文字の代わりを務める（記号）
- ・小さなサイズでも何を意味するか伝わる
- ・ある程度グローバルに・ユニバーサルに誰にでも通じる

等が、アイコンの要件だと思います。ピクトグラムも部分的にこの定義に当てはまります。

※ちなみにSNSプロフィールの顔写真を意味する「アイコン」も共通する機能はありますが、本記事では想定していません。

アイコンが生かされる場面とは

- ・小さなスペースに要素を詰め込まなければならないため文字が入らない（スマホアプリのUIや地図）
- ・日本語が読めない人にもある程度通じる必要がある（外国人や子ども）
- ・遠くからでも認識できる必要がある（ポスターや標識）

などが考えられます。
すなわちこれらに当てはまらないスライドやWebサイトでは、アイコンを使用する必然性が低いと言えます。

とはいえ…必要がないだけで即「使用不可」にはなりません。大きく広々と使ったところで、アイコンの便利さが失われるわけではありません。ではどのような場合に問題があるのか？　次に気にするのが「使い方」です。

関連ページ　P.52 写真、イラスト、ピクトグラムで表現

理由 ② 人によって解釈が割れるから

ここで、先ほど掲載したスライドをもう一度載せます。文字を隠した状態で、それぞれのアイコンが何を表すかわかりますか？
鞄屋？クローク？紙袋？本？ノート？資料？
おそらく、人によって想像するものが割れるのではないかと思います。誰にでも同じ解釈をしてもらうには、文字による併記が必須です。
これは「言葉/記号」に値するアイコンの使われ方ではありません。

column 01

本当にわかりやすい？ パワポ資料にアイコンを使いすぎてしまう理由

例えば“スピーディーさ”を表したいとき「時計」をモチーフに使います。
しかし、“スピーディー”→時計を連想することはあっても、時計＝“スピーディー”ではありません。
“時間制限”、ブラウザの“履歴”、など別の意味にも受け取れます。

一方で、共通認識が醸成されたアイコンがあります。多くの場面で意味が固定されている、例えば「検索をしたい」→虫眼鏡マーク、虫眼鏡マーク→「検索を意味するんだ」と誰もが翻訳できます。文字/記号として定着しています。

ある程度同じ文化を共有する環境下であれば、誰が見ても同じ解釈を導き出せるもののみが、本来の「アイコン」と言えます。
例えば下記のような例があります。

column 01

本当にわかりやすい？パワポ資料にアイコンを使いすぎてしまう理由

理由 3 情報の粒度が違うから

使用する素材をアイコンで統一することで、資料全編にわたって色や形のトンマナがまとまる、そのメリットこそが、裏を返せば重要な情報の存在感を弱めてしまっています。むしろ扱いには差をつけるべきなんです。なぜこんな使い方をしてしまうのか？

同程度の存在感

クイズ

右の8つのアイコンに共通することは何だと思いますか？

【ヒント】

もっと細かく分解すると、この17のワードすべてに共通すること

最短／翌日／導入／初期／費用／無料／シンプル／機能／スピード／処理／決済／対応／売上／最大化／サポート／充実／言語

答え

最短/翌日/初期/スピード…これは時間を表す言葉。費用/無料/決済…これはお金を表す言葉。最大化/充実…これは程度の大小を表す言葉。

時間やお金や程度、**つまりどれも物質としての「モノ」ではない、「目に見えないもの」でした！**

※ちなみにお金は1,000円札や100円玉があるじゃんと想像される方もいるかもしれませんが、あれは「貨幣」であって、金銭や資本そのものは抽象的な存在です。

column 01

本当にわかりやすい？ パワポ資料にアイコンを使いすぎてしまう理由

「姿がない」ということは絵に描けない

概念をアイコンに置き換えて図解化してもかえってわかりにくいのは、そのアイコンと概念がイコールで解釈できる関係ではないからです。
そして…「目に見えない」のはスライド中の要素以前に、事業そのものである場合もあります。「無形商材」です。
モノではなく「サービス」を売る企業は増えました。何も商品が写らない、テキストのモーショングラフィックだけで完結するテレビCMや電車広告もよく見かけます。
無形商材のプレゼンはテレビショッピングのようにモノを目の前に差し出せるわけではないし、実物の写真もないので、特に資料の説得力が重要になります。
クライアントに聞き慣れない概念を理解してもらうために、少しでも絵に置き換えようとした結果、アイコンだらけの資料が出来上がってしまうのではないでしょうか。
資料をスタイリッシュに仕上げたい気持ちはよくわかります。「使用するイラストアイコンはこのアイコンサイトのものに限る」というレギュレーションを定めている企業もあります。

が、ただでさえイメージをつかみにくい無形商材においては、本当にシンプルなアイコンだけで説明して伝わるのか、より具体的なイラストや図の方が適切ではないか、一考すべきでしょう。

アイコンを使いすぎない提案

とはいえ、冒頭で述べたようにいろんなサイトから違う素材を持ってくるとバラバラでまとまらないですよね。ここまでのスライドならどのように改善しうるかやってみました。

メリットのページ

インフォグラフィックで踏み込んでみました。このような頭出しページの後にそれぞれを詳しく説明すると思うのですが、印刷コストの観点からも内容の薄いページは少ない方がいいので、どうせならビジュアル感を保ちながらも軽く内容に触れてみてはどうでしょうか。

機能のページ

Webページやアプリの場合、そのメニューUIと対応するならそのアイコンを使用していいと思います。

そもそも最短〜と初期〜は、その他の機能とは恩恵を受けるタイミングが違うので別にしました。

さらにそもそも、8項目の並列はちょっと多いです。並べる項目数が8を超えてくると、大体何かしらでグルーピングまたは優先順位付けができます。ひとつのグループは5、6項目以内にとどめた方がわかりやすいです。

column 01

本当にわかりやすい？ パワポ資料にアイコンを使いすぎてしまう理由

導入フローのページ

いちいちアイコンいらない説です。ガントチャート等ではないこの程度のシンプルなフローであれば文字だけでも伝わります。

また円の面積を小さく、縦並べにしたことでフォントサイズを大きくできました。

対応業種のページ

写真はどうでしょう。

アイコンよりは、想像するイメージが限定され、的確に伝わりますね。ただトンマナを崩してまでここまでの見た目の情報量を必要とするのかを考えると、これも最適な案ではありません。

単色のイラストがあれば良いのですが、ストック素材で全バリエーションを揃えることは難しいです。やはりそもそも論になってしまいますが、文字のみの箇条書きでも事足りるかもしれません。受け取るお客様からしたらこの中のどれかひとつの業種なので、他の業種にも対応していることは関係ありませんし、自分でアイコンや写真を10種類も探す時間をここにかけるのもコスパが悪いですね。

また、目に見えない概念は写真にも撮れないので、どうしてもそれを使う人や場面にフォーカスせざるを得ないため、以下のような「何も言ってないイメージ写真」が多用されがちです。

これはアイコンだらけにしない方がいい理由②と共通して、人によって解釈が分かれるので、あまりおすすめしません。
写真もイラストも、その企業オリジナルで発注できるのが一番望ましいですが、予算も時間も足りないこともありますよね。

まとめ

アイコンは便利だけど、必ずしも最適解ではない！
見た人によって解釈が分かれる絵はむしろディスコミュニケーションを招く。
なんでも絵や写真にすればわかりやすいとは限らない！

column 02

色をつけるかつけないか迷ったら？「塗り絵」で学ぶ有色と無色

パワポをもっと良くしたいと思ったとき、まずは色数を絞る！カラフルにしすぎない！というのはいろんなTipsで提唱されていることですよね。
でも、シンプルな方がかっこいいのはわかるけど、ここは色を分けた方がわかりやすいんじゃないか？と迷うことがあると思います。
そこで、「どういうときに色を分けるべきなのか」をまとめてみました。
今回の前提として、そこに色の違いをつけるかどうかは「見た目のかっこよさ」ではなく「必然性」で考えます。
基本的に必要がなければ塗り分けません。その「必要」がないってどうしてわかるの？という話です。
いくつか例を挙げます。

「それ」と「それ以外」の差

「そう」か「そうじゃない」か。
いきなり哲学的ですが…、こんな差をつけるときは、「有色」か「無色（グレー）」で表します。

- 「自社」と「他社」
- 「営業日」と「休日」
- 「肯定」と「否定」
- 「ON」と「OFF」

「それ」と「それ以外」

有色　無色

階層の差

- 「タイトル」と「詳細」
- 「結論」と「理由」
- 「抽象化」と「具体例」

これは、色よりも、大きさや配置で違いを示した方が効果的です。

色でも関係性をわからせる手伝いをしたい場合は、1色相内の濃淡で示すと良いと思います。

少なくとも色相を変える必要はあまりありません。"黄色"と"緑"に上位も下位もないからです。

色で差をつけても関係性が伝わらない

夏が好き

野菜が
うまい

休みが
長い

花火が好き

海で泳げる

寒いの
苦手

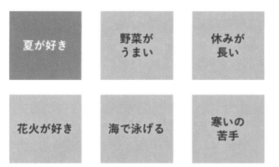

大小や配置で関係性を示す

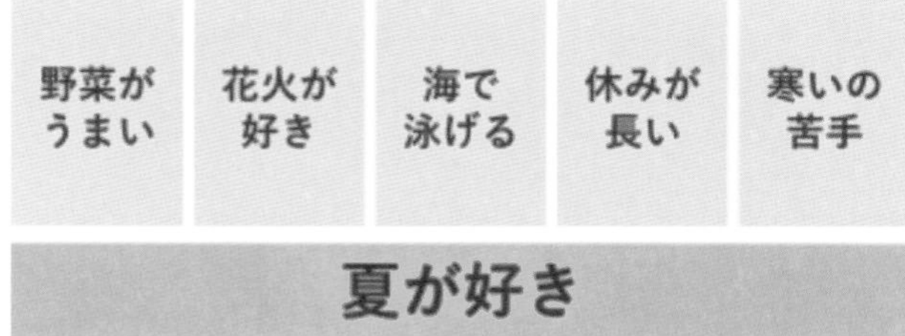

column 02

色をつけるかつけないか迷ったら？「塗り絵」で学ぶ有色と無色

段階の差

これは直感的におわかりいただけるのではないでしょうか。

- ステップアップ
- 順序・工程
- 変化の過程

段階

1　2　3

1色相内の濃淡
（グラデーション）

「それ」と「それ」と「それ」の差

色相を変えていいのはこの場合のみです。

「それ」と「それ」と「それ」

これは最初の「それ以外」とどう違うのか迷いますよね。今から色を付ける前の「塗り絵」を使って、どんな色を塗るか考えてみてください。

塗り絵 ① 売上高グラフ

よくあるグラフです。同じ項目だから１色でしょうか？
時間が経過しているから段階のグラデーション？

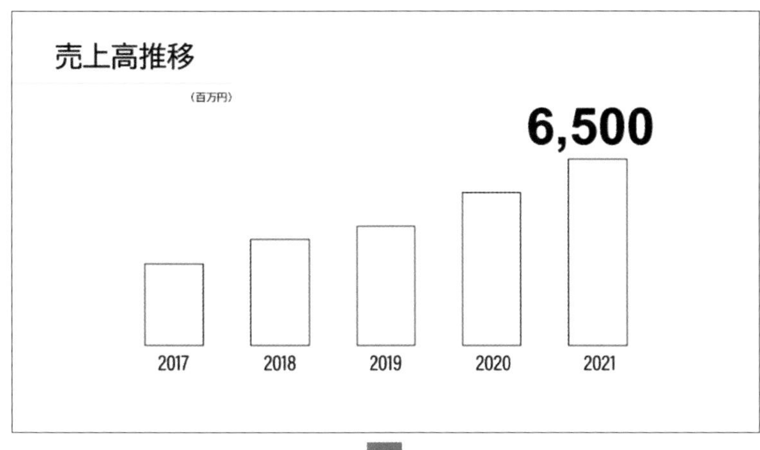

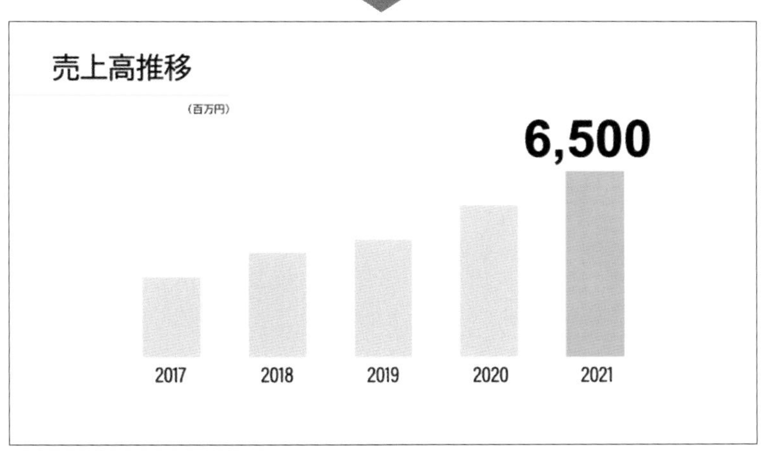

この場合は、私なら「今年」と「それ以外」の差を表すためにこのように着色します。このスライドが「今年の伸び」を説明するために使われると仮定した場合です。つまり、どこを強調するかは、スライドの用途によって変わってきます。

column 02

色をつけるかつけないか迷ったら？「塗り絵」で学ぶ有色と無色

塗り絵 ② ユーザーボイス

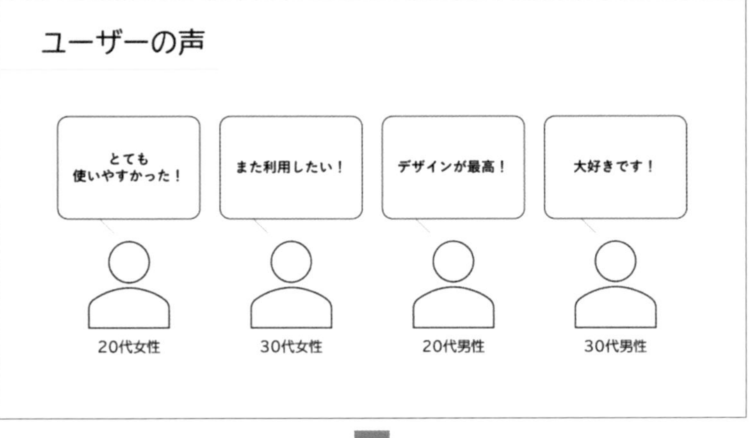

よく見ると、少しずつ属性が違います。性別や、年齢で色を変えた方がいいのでしょうか？

この場合、「すべての人から好評」がメッセージなので、スライドにおける扱いは同一と考えます。

では、こちらはどうでしょう?
右の2人は否定的な意見を寄せています。

このスライドであえてこの4つの意見を掲載したということは、この差を明確に説明する必要があるということです。
性別の差というよりも、「肯定」or「否定」で意味することが違うため、「有色」or「無色」で表現しました。

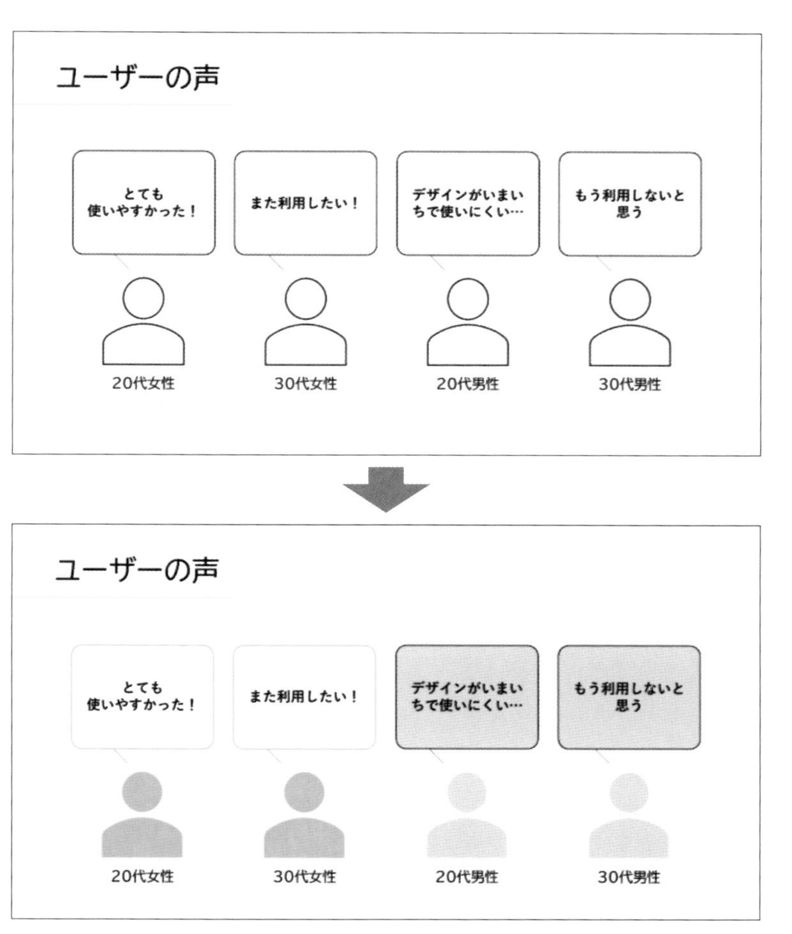

column 02

色をつけるかつけないか迷ったら？「塗り絵」で学ぶ有色と無色

塗り絵 3 ベン図

なんとなく、色をカラフルにしたら
きれいになりそうですが、

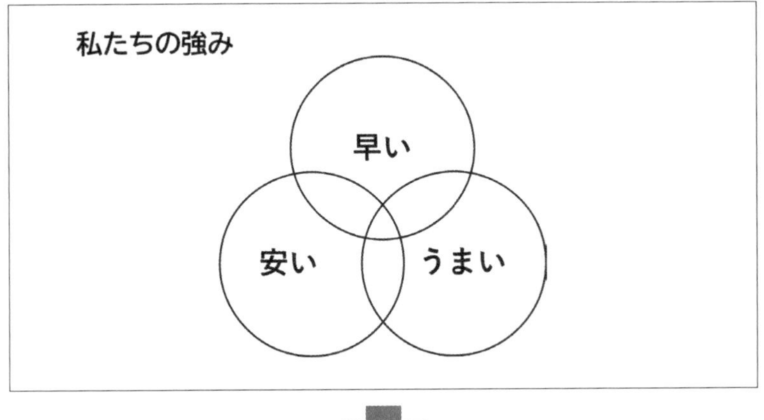

これも1色で大丈夫です。
色で区別をする必然性がなければ、塗り分けません。

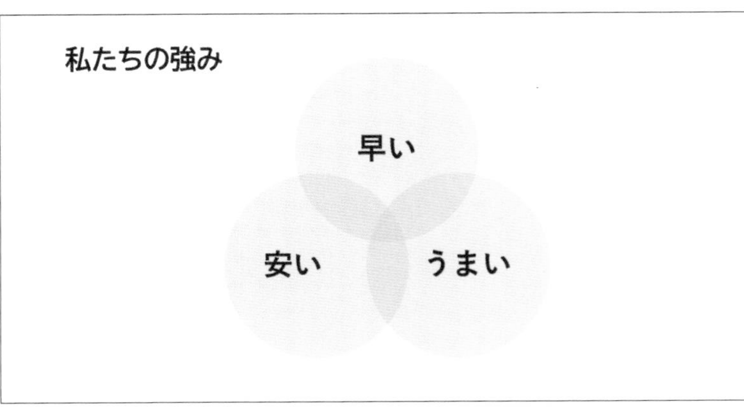

塗り絵 ④ セグメント

企業の財務情報などで見かけるセグメントです。
このエリアの色を塗り分ける必要はありますか？

セグメント

配信部門

物販部門

弊社サービス

制作部門

レンタル部門

実はこれこそが並列な「それ」と「それ」と「それ」と「それ」です。
とはいえこのスライドだけなら1色でも構わないのですが、以降「ひとつの図の中で色によって区別をしなければわかりにくいスライド」が頻出する場合は便宜的に塗り分けるのがおすすめです。
全体を通してセグメントの塗り分け方を固定する必然性が生じます。
パワポに限らず、企業単位でWebサイトや冊子でも統一したカラーが決まっているならそれに準ずると良いでしょう。
「速い」「安い」「うまい」で構成比を出したり、成長率を比較することはおそらくないですよね。ただしそれぞれの強み別に分析することがたくさんある場合には、塗り分けても良いかもしれません。

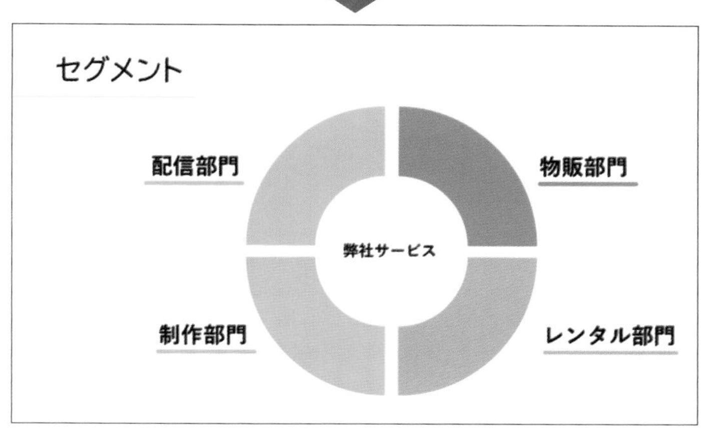

column 02

色をつけるかつけないか迷ったら？「塗り絵」で学ぶ有色と無色

ひとつの図の中で色によって区別をしなければわかりにくいスライド

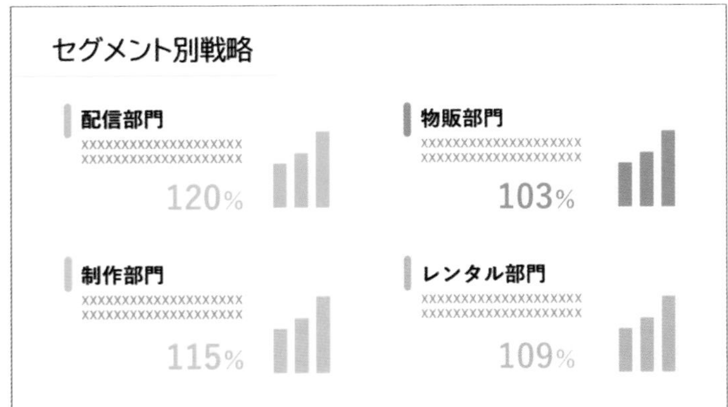

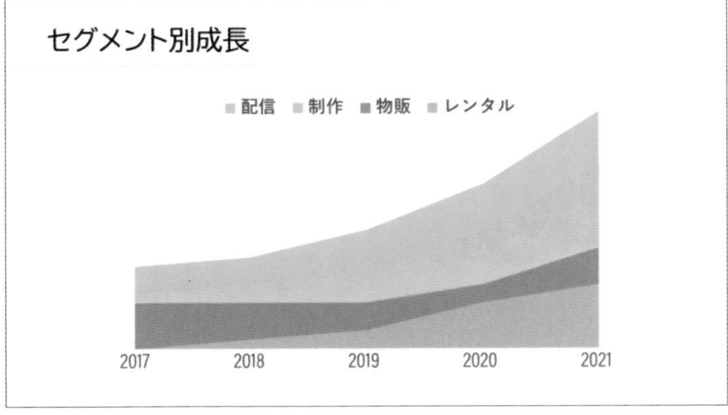

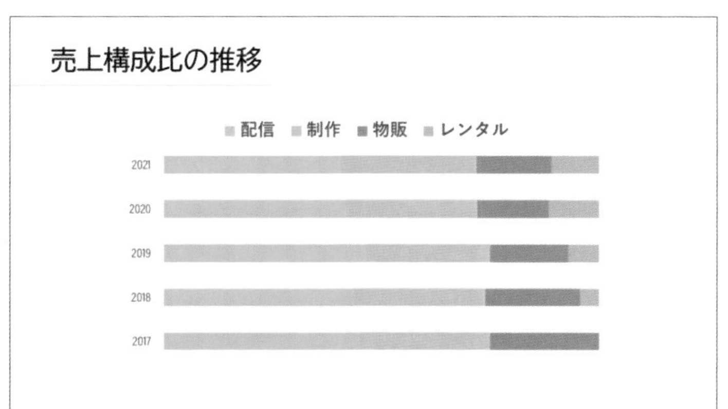

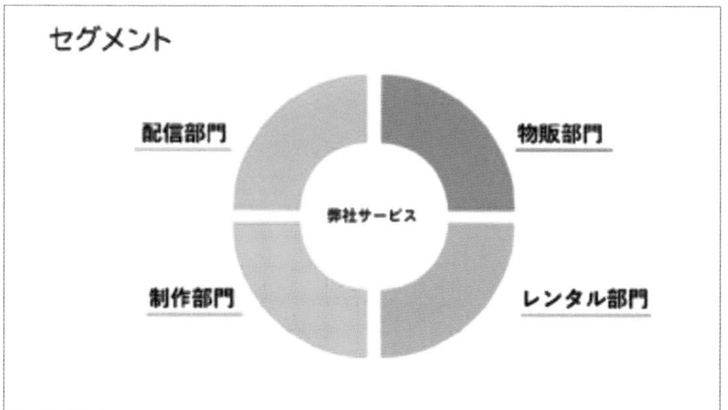

まとめ

「映え」ではなく「意味」で考える

パワポの色は、計算して使いこなせばもちろんかっこよさの演出(スタイリング)にもつながりますが、それ以前にそれらがメッセージを伝えるためにちゃんと機能していることが大切だと考えます。

関連ページ　P.56 表層デザインの機能性

column
03

おすすめのスライドサイズは？ 4:3比率はどこからきたのか

そもそも「4:3」と「16:9」はどこからきた数字なのか？ 調べてみると、映画の歴史に由来することがわかりました。ざっくり年表にするとこのようになります。

1930〜50年代、テレビが普及すると映画館へわざわざ通う人は減少し、映画の売り上げは落ち込みました。そこで映画業界は、4:3のテレビよりも迫力ある映像を作るために、あの手この手でワイドな撮影方法を試みました。フィルムを半分にしたり、カメラを3台使ったり…この技術の進化によるバラバラの隙間をなるべく最小限にとどめる最大公約数的な比率が「16:9」だそうで、HDTVの規格として採用されました。

スライドの比率も、元々はPCモニターのサイズに従って4:3でしたが、ワイドモニターの普及に伴い、PowerPoint2013からデフォルトが16:9に変わりました。

ざっくりまとめると、【映像が変わった】→【映す媒体が変わった】→【スライドが変わった】と考えられます。

一方で、ビジネス文書の規格はA4と定められているため、配布資料も兼ねるパワポは今でも4:3が選択されます。

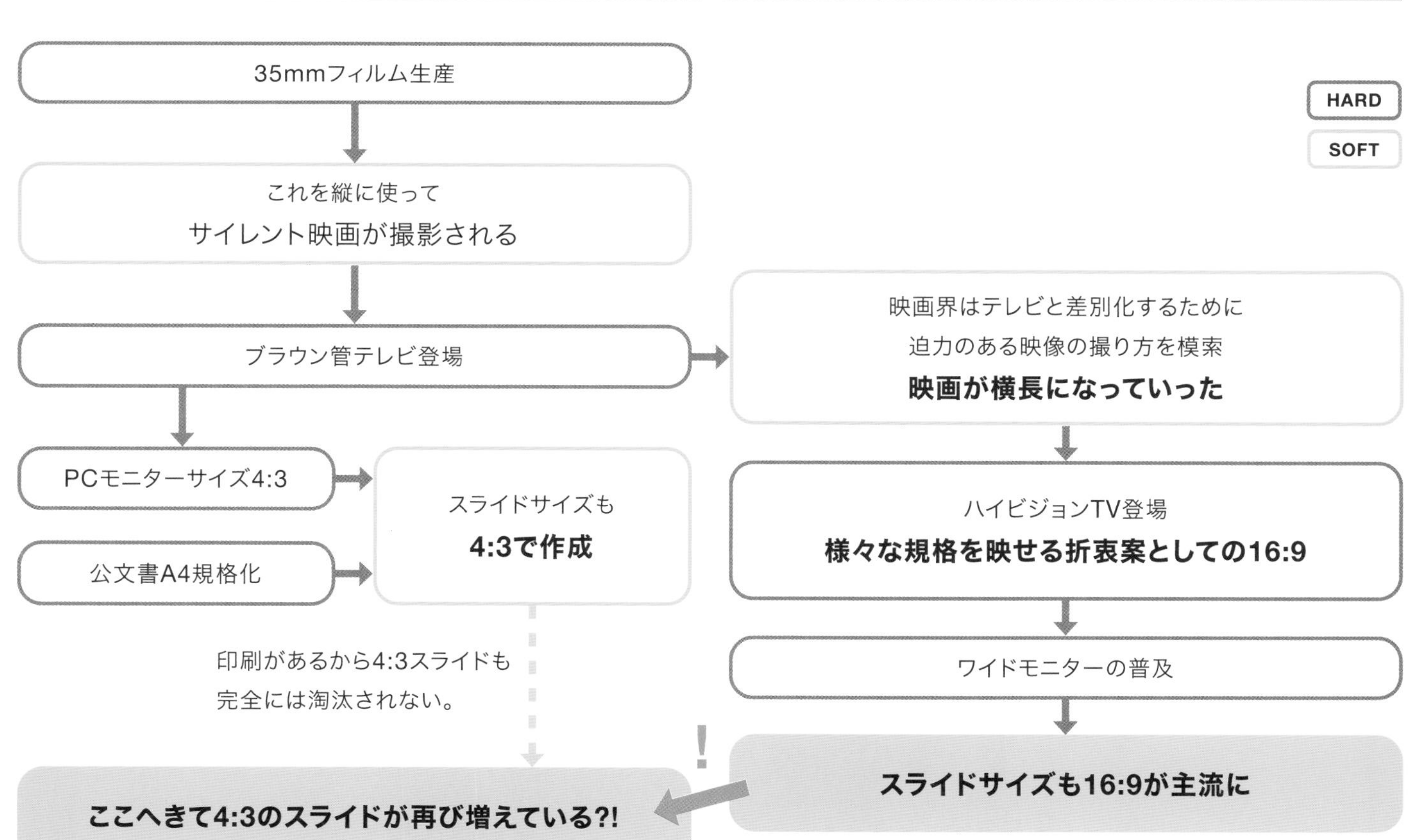
4:3
16:9
35mmフィルム生産
HARD
SOFT
これを縦に使って
サイレント映画が撮影される
映画界はテレビと差別化するために
迫力のある映像の撮り方を模索
映画が横長になっていった
ブラウン管テレビ登場
PCモニターサイズ4:3
スライドサイズも
4:3で作成
公文書A4規格化
ハイビジョンTV登場
様々な規格を映せる折衷案としての16:9
印刷があるから4:3スライドも
完全には淘汰されない。
ワイドモニターの普及
!
スライドサイズも16:9が主流に
ここへきて4:3のスライドが再び増えている?!

column
03

おすすめのスライドサイズは？
4:3比率はどこからきたのか

実際にスライドを制作していると、16:9って横長すぎるな〜と感じることがあります。横に長いということは、相対的に縦幅が足りないということです。

1 4:3が最も使い勝手が良いと感じるのは「横に長い図とテキスト」を配置するときです。

色々とやりようはあるのですが、組み直しにくい横長の図って結構よくあります。まず図を画面幅最大に設置し、残ったスペースでテキストを置こうとすると、16:9は行長が長く行間が狭くなるのに対し、4:3なら行長が短く行間が確保できます。一般的に人間が読みやすいのは一行40字程度までとされ、それより長すぎると視線の移動が大きくなるため推奨されません。

※実際にはこのダミーテキストのような文章をそのまま載せることはそもそも望ましくありません。

4:3

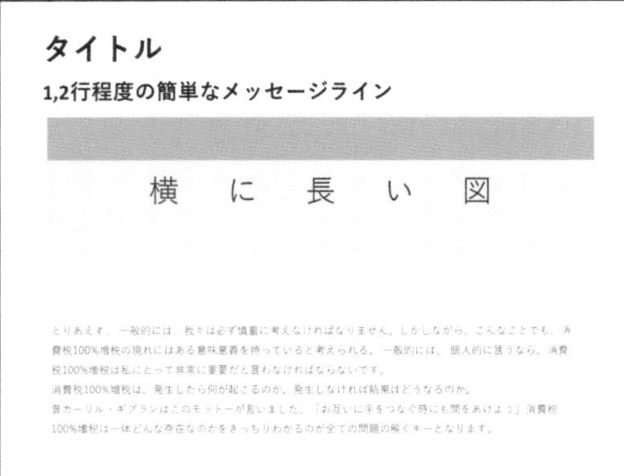

行間を確保できる

16:9

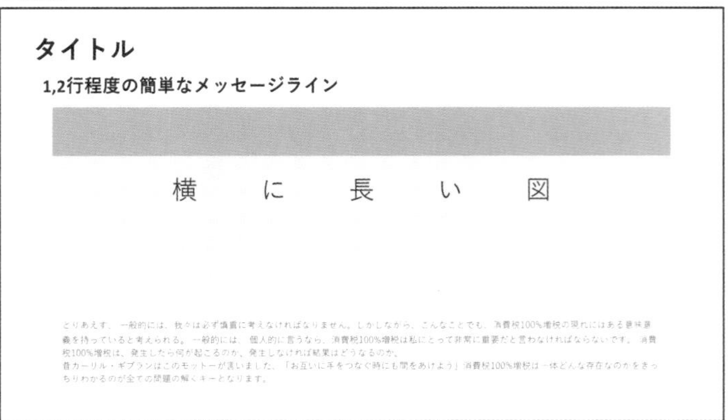

行長が長くなる

❷ グラフもぎゅっとまとまり、横ばいでも山の形が捉えやすくなります。

業績右肩上がりのグラフでも、横に伸ばすと伸び率がなだらかに見えてしまいます。

4:3

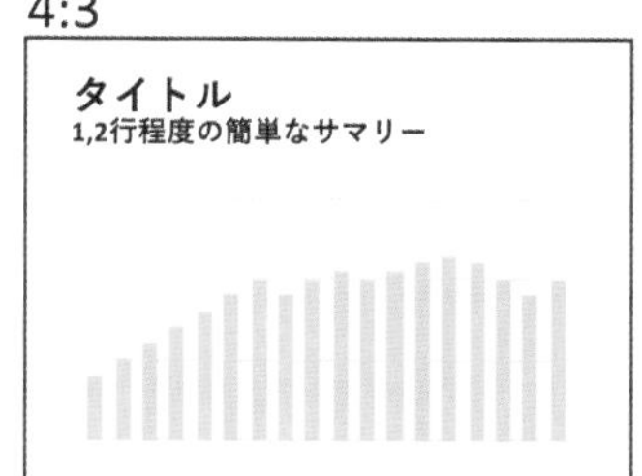

コンパクトで俯瞰しやすい

16:9

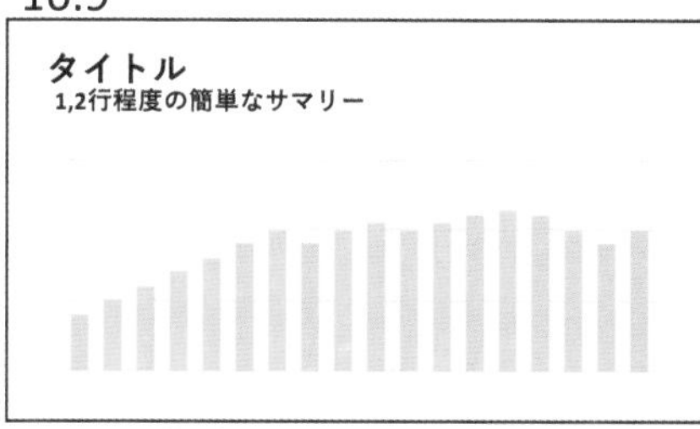

業績右肩上がりでも
伸び率がなだらかに見えてしまう

❸ ジャンプ率をつけやすく、タイトルにメリハリが出ます。

左右の「コンテンツ」は同じ比率で配置しています。右図で左図と同じフォントサイズを使おうとすれば、コンテンツを横長に圧縮しなければなりません。

4:3

大きな字で
メリハリタイトル
1,2行程度の簡単なメッセージライン

コンテンツ

幅が短い＝高さに余裕がある

16:9

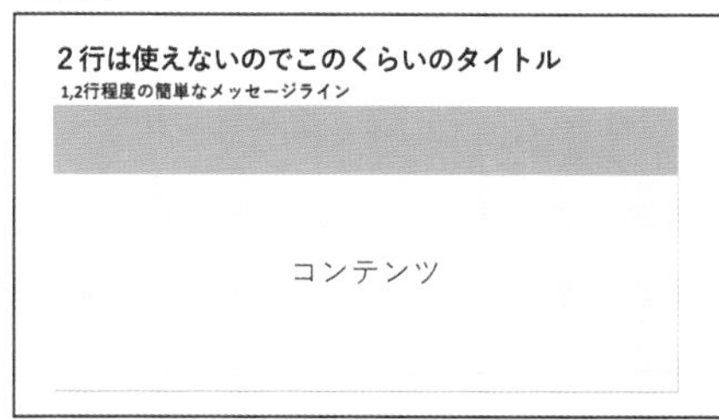

幅に余裕がある＝高さが足りない

column
03

おすすめのスライドサイズは？4:3比率はどこからきたのか

16:9を有効活用するアイデア

それでも、映画の先人たちが渇望したように、迫力のあるワイドな16:9もやっぱり捨てがたい…。
そんなときは、必要に応じて12:9（＝4:3）と4:9（＝残り）に分割するアイデアはいかがでしょうか？

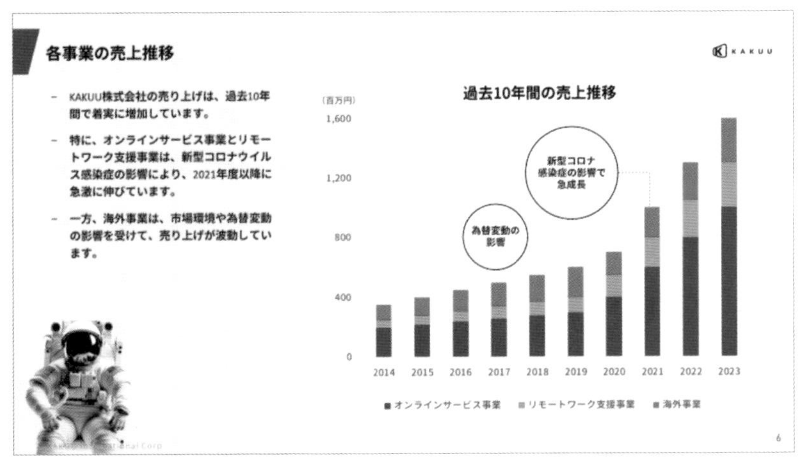

まとめ

4:3スライドのメリットは、
・「横長図×テキスト」のおさまりが良い！　・グラフが見やすい ※場合による！　**・タイトルを大きくしやすい！**

関連ページ　P.124　データをわかりやすく

著者プロフィール

インクデザイン株式会社

IR（インベスターリレーションズ）×デザインのコンセプトを元に、サスティナビリティ、ESG、SDGs、ダイバーシティなど企業にとって多岐にわたる取り組みや発信をデザインの力で社会に伝える。会社や企業等のビジネスや事業の表現に特化し、上場企業のIRコミュニケーションを軸にコーポレートコミュニケーションに取り組む。メディアや媒体に限定せずに、紙、Web、動画、プレゼンテーション、メディア運営等、クライアントの課題に合わせたアウトプットを提案。

本書内容に関するお問い合わせについて

このたびは翔泳社の書籍をお買い上げいただき、誠にありがとうございます。弊社では、読者の皆様からのお問い合わせに適切に対応させていただくため、以下のガイドラインへのご協力をお願い致しております。下記項目をお読みいただき、手順に従ってお問い合わせください。

●ご質問される前に

弊社Webサイトの「正誤表」をご参照ください。これまでに判明した正誤や追加情報を掲載しています。

正誤表
https://www.shoeisha.co.jp/book/errata/

●ご質問方法

弊社Webサイトの「書籍に関するお問い合わせ」をご利用ください。

書籍に関するお問い合わせ
https://www.shoeisha.co.jp/book/qa/

インターネットをご利用でない場合は、FAXまたは郵便にて、下記"翔泳社 愛読者サービスセンター"までお問い合わせください。
電話でのご質問は、お受けしておりません。

●回答について

回答は、ご質問いただいた手段によってご返事申し上げます。ご質問の内容によっては、回答に数日ないしはそれ以上の期間を要する場合があります。

●ご質問に際してのご注意

本書の対象を超えるもの、記述個所を特定されないもの、また読者固有の環境に起因するご質問等にはお答えできませんので、予めご了承ください。

●郵便物送付先およびFAX番号

送付先住所　〒160-0006　東京都新宿区舟町5
FAX番号　03-5362-3818
宛先　（株）翔泳社 愛読者サービスセンター

※本書に記載されたURL等は予告なく変更される場合があります。
※本書の出版にあたっては正確な記述につとめましたが、著者や出版社などのいずれも、本書の内容に対してなんらかの保証をするものではなく、内容やサンプルに基づくいかなる運用結果に関してもいっさいの責任を負いません。
※本書に掲載されているサンプルプログラムやスクリプト、および実行結果を記した画面イメージなどは、特定の設定に基づいた環境にて再現される一例です。

イラストレーション　佐本茜
装丁　小口翔平＋畑中茜（Tobufune）
本文デザイン　森田啓一（デザインノイエ）

とにかく「わかりやすい」スライドデザインの基本とアイデア

2024年6月26日 初版第1刷発行

著者　インクデザイン株式会社 鈴木潤 茂木香菜絵
発行人　佐々木 幹夫
発行所　株式会社翔泳社（https://www.shoeisha.co.jp）
印刷・製本　日経印刷株式会社

ISBN978-4-7981-8135-6
Printed in Japan